「2つ」のパターンに分けるだけ!
ストレスフリーの顧客対応マニュアル

「優良顧客」と「悪質顧客」を100%見抜く方法

通販・ECリスクマネジメント研究所代表/博士(工学)
東 弘樹

Clover
クローバー出版

まえがき ～目の前の相手が「悪意ある顧客」かは１００％わかる

「どうしてくれるの？　誠意を見せろ！　責任者を出せよ！」

お客さまからこんな罵声を浴びせられたとき、現場で対応する担当者の多くは、不安や恐怖と闘いながら、ただただ「会社のブランドを傷つけてはいけない、顧客を怒らせてはいけない」との一点だけを考え、行動しています。

リスクマネジメントの観点から見ても、これは一見正しい対処法のように思えます。

しかし、その判断は間違いです。これでは担当者はさらに深みにはまり、メンタルをやられていきます。会社の被害も大きくなっていくでしょう。

なぜなら、ごく一部の顧客は、わざと怒ってみたり、自分の価値観を強要したり、自己の都合だけでルールを破ってくるからです。

最近では「カスハラ」（＝カスタマーハラスメント）という言葉もマスコミに盛んに取り上げられるようになっていますが、**彼らの本当の目的は、金品を要求する、あるいは、歪んだ承認欲求を満たすことなど、こちらの謝罪や被害の弁償とは《別のとこ**

ろ》にあるので、どれだけ誠意を持って対応しても埒《らち》が明かないのです。

こうした顧客は、「悪意ある顧客」です。

それに対して、**たとえ感情的に怒っていても、声を荒げていても、不公平感や不満を持って正当に怒ってくる顧客は、会社にとって「優良な顧客」**です。

彼らは自分のために商品やサービスを購入した、ごく普通の消費者であり、その苦情・クレームに的確に対処すれば納得してくださるので、問題はそれで解決します。結果として、品質やサービスが向上し、業績が上がる可能性もあります。

私の感覚では、苦情・クレームを言ってくる人の９９・９％は「優良な顧客」です。その反対に、「悪意ある顧客」は０・１％といったところでしょう。

では、なぜカスタマーサポートのオペレーターが疲弊し、辛くなり、新人が短期間で大量に辞めていってしまうのか？

それは、**「悪意ある顧客」と「優良な顧客」との区別ができていない**からです。

まだ経験の少ないオペレーターは、ごくごく一部の「悪意ある顧客」に振り回される一方で、怒っている人を怖がるあまり、「優良な顧客」を、いわゆる「モンスタークレーマー」扱いしてしまうことでさらに怒らせてしまいます。それを繰り返すことで、心が折れてしまうのです。

私は、以前勤めていた金融機関や、独立後にコンサルティングした大手通信販売事業者やＩＴビジネスにて、「優良な顧客」と「悪意ある顧客」の《行動の違い》を研究してきました。

現在は、おそらく日本唯一の《通信販売事業者に対する債権管理・リスクマネジメントの専門家》として活動し、これまでに６００社以上の企業と１５００人以上の方に研修やコンサルティングを行ってきたほか、論文や講演活動などを通じて、知識や情報をご提供しています。

その立場から申し上げれば、オペレーター（あるいは小売・サービス業の顧客担当スタッフ）のメンタルを守り、苦情・クレームを自らの糧《かて》とし、事業者として成長して売上を伸ばしていくためには、次の三つのポイントを押さえることが大事です。

- **「優良な顧客」と「悪意ある顧客」の定義をしっかり決める。**
- **初動対応で悪意ある顧客の行動を見抜く。**

・経営者から現場の担当者に至るまで、同じ判断と同じ対応をする。

全てはこの3点に集約されますが、これをもっと簡単に言えば、「悪意ある顧客と判定した時点で、それ以上相手をしない」ということです。

「いやいや、それができれば苦労はしない。どうやって良いお客さまと悪意ある顧客を見抜くのか？」――こんなふうに思われている方には、ハッキリ申し上げます。

心配はご無用です。

本書を読み、書かれていることを実践していただければ、相手が「優良な顧客」か「悪意ある顧客」かは、１００％わかります。

①過去のトラブル事例を基に、全社員で共通の認識を持つまで話し合う

②自社の商品・ブランド・対応可能なサービスにとっての優良な顧客と悪意ある顧客を定義する

③トラブルが発生した場合、顧客の申し出をよく聴く（顧客の行動を理解する）

④決めたルールに照らし合わせ、自社にとって優良な顧客か悪意ある顧客かを判断し、

粛々と対応する

⑤トラブル事例が発生したら、全社員で共通の認識を持つまで繰り返し話し合う

社内でこの五つの工程を習慣化していけば、実は、クレームとはそれほど恐れるものではありません。

適切な判断ができ、何をどこまですればいいのかという全体像を具体的にイメージできるようになるので、オペレーターには気持ちに余裕が生まれます。

また、クレームをきっかけにその人を優良な顧客、超優良な顧客に変えることさえできるようになります。

「悪意ある顧客」のことは、ある時点から先は相手にしなくてもよくなり、その一方で、「優良な顧客」からの信頼は高くなるので、仕事に対するやりがいも生まれます。

そのため、ある意味、苦情・クレーム対応が《ロールプレイングゲーム》のように楽しくなるでしょう。

今やリスクマネジメントは、大手企業だけの問題ではなく、中小企業の経営者や、個人

レベルでも考えるべき問題となっています。

事業者として統一方針や行動基準を決めつつも、決して他人任せにせず、自分自身で理解し、考えて、その場で実戦的に対応できるようになるための「最強業務マニュアル」として、本書をご活用ください。

それによって、従業員の方々が幸せになり、事業を発展させていただければ、著者としてこれ以上の幸せはありません。

※本書では、エンドユーザーに対して直販する小売業を、「通販・eコマース」と言います。

目次

「優良顧客」と「悪質顧客」を100%見抜く方法

「2つ」のパターンに分けるだけ！ストレスフリーの顧客対応マニュアル

CONTENTS

まえがき　～目の前の相手が「悪意ある顧客」かは100%わかる……003

第1章

「悪意ある顧客」を定義する

4パターンしかない苦情・クレーム対応が難しい理由……020
【事例】　スキルの高いオペレーターの神対応……020
「悪意ある顧客」を定義すれば苦情・クレームは怖くない……025
「ここから先はお客さまではない」という線引きがオペレーターを救う……026
「お客さまは神様」ではありません！……028
そのお客さま、本当に「モンスタークレーマー」ですか!?……030
憶測で他人の心の内を判断するのは危険……032

「悪意ある顧客」かどうかは「行動ベース」で決める……034
口調の強さ、柔らかさは判断の基準にはならない……035
悪意ある顧客を定義するために必要なプロセス……036
皆が同じ対応をすればクレーマーは「そこから先」には進めない……037
「悪意ある顧客」を漏れなく分類するために「MECE」を使う……038
不正顧客・悪意ある顧客を知っておくべき理由……040
悪意ある顧客① 転売目的の不正購入者……042
【事例】 1回限りのお試し価格で何度も購入する顧客……042
サンプル品の転売が悪である理由……046
コラム 転売ヤーの疑いの強い申し込みを洗い出すシステムを開発……047
悪意ある顧客② モンスター返品者・返品詐欺・不当返品……049
【事例】 返品のキャンセルが続く顧客……049
アパレルでは返品にまつわるトラブルが多い……050
悪意ある顧客③ 悪質な苦情・クレーム……053
【事例】 全国1200店に計7000回のクレーム電話……053

悪意ある顧客④ 他の事業者からの妨害工作・低評価レビュー……055
【事例】 突然、低評価のレビューに大量の「役に立った」コメント……055
不正顧客・悪意ある顧客を知ると、自社の優良な顧客が見える……057
コラム 多くの顧客は不満があっても黙って去っていく……059

第2章 悪意ある顧客を見抜く魔法の言葉

「魔法の言葉」を使うと悪意ある顧客は同じ反応をする……062
前提① お客さまをたらい回しにしない……065
前提② 事実を確認するまでは謝らない。ただし……069
【事例】 2年前に購入した化粧品が原因で娘のニキビがひどくなった……069
気遣いをし続けると優良な顧客は喜ぶが、悪意ある顧客は余計にキレる……071
前提③ 自社の瑕疵の有無を明確にする……074
【事例】 「化粧品に虫が混入していた」というクレーム……074

第3章

悪意ある顧客に毅然として対応する

見分ける魔法① 質問するのではなく《教えていただく》……076
【事例】「化粧品が酸化しているから調べろ」とのクレーム……076
見分ける魔法② メモを時系列に取って矛盾点がないか確認する……080
話に矛盾が出てくる人は悪意ある顧客の可能性が高い……081
見分ける魔法③ 必要なときは適切なタイミングで謝る……084
自社に瑕疵があることがわかったらすぐに謝罪する……085
見分ける魔法④ 相手の要望を具対的にする……087
【事例】「商品を食べたら歯が欠けてしまった」とのクレーム……087
定義を決めたら事業者としての対応策を決める……090
対応法① 「責任者を出せ!」と言われても拒否する……092
対応法② 「誠意を見せろ!」には何が誠意か確認する……095

対応法③　「消費者センターに言うぞ！」には「どうぞ」の一言……097
【事例】「マスコミや弁護士に知り合いがいる。
消費者センターに言うぞ」という顧客……097
消費者センターはその性格上、よほど悪質な事業者でない限り動かない……099
対応法④　webへの書き込みは2日以内に手を打つ……102
マーケットプレイスの低評価レビューへの対応……103
対応法⑤　悪質性が強い人には「ゼロ回答」でいい……106
【事例】ミスに乗じて交渉される……106
【事例】「家具のコンセントがはまらない」というあり得ないクレーム……108
対応法⑥　「納得できない」という人には、じっと耐えて傾聴する……111
対応法⑦　「筋論クレーマー」には証拠を揃えて理解を示す……113
コラム　相手の話すトーンに合わせて話す……115
必要とあらば何度でも初動対応を繰り返す……116
モンスターを育てるのは担当者である……118
【事例】余計な一言でお客さまの態度が急変した……118

第4章

顧客の声を分析して業績を上げる

優良な顧客の「ネガティブな声」を経営に生かす……122
【事例】「家庭用のパン焼き器の音がうるさい」というクレーム……122
顧客の声を上手に活用してV字回復を遂げた「はとバス」の事例……124
ネガティブな声とポジティブな声を仕分ける……125
顧客の声の調査では、まず分析担当者同士の理解が必要……128
ネガティブな声をウィークポイントの改善につなげる……132
【事例】「味が不味い！」というクレーム……132
コラム テキストマイニングで得られる顧客の声は「宝の山」……135
顧客の「本当の声（VOC）」を収集し活用する……138
【事例】「回数券をつくってほしい」という顧客からの要望……138
サイレントクレーマーの声を聴くには《社長が直接受ける》……140
顧客の要望を聴くだけではなく理解を求めることも重要……143

「顧客の四つの声」の実践的活用法……146
①苦情・クレーム……146
②要望・質問……148
③感謝・応援……149
④悪意のある声……151
コラム 従業員満足を上げれば顧客満足は上がる……152

第5章

全社員一丸でのリスクマネジメント体制をつくる

「リスク」とは何かを理解する……156
リスクを引き起こす源泉は、自然と人の二つしかない……158
社内の人間もリスクになることを忘れない……160
会社は顧客担当部署をもっと大切にするべきである……161
リスクマネジメントの四つの工程……163
リスクマネジメントでCSとESが向上する……168

効果的な社内研修の進め方……171
勉強会・研修の実施……172
社内研修を行う際の注意点……174
起こっていないリスクは事例から学ぶ……176

第6章

決済と債権にまつわるトラブルの話

決済と債権管理は「悪意ある顧客」との闘い……180
クレジットカード決済の概要とそのリスク……185
クレジットカードを使う転売ヤーのリスク……191
代金引換の概要とリスク……192
後払い決済(コンビニ決済/郵便振替)の概要とリスク……194
後払い決済は、最も注意すべき決済……196
どの決済を選択しても安心できない時代に……198

全ての通信販売事業者に債権管理は必要……200
債権管理と顧客管理……201
債権管理の三つの工程……203
四つの未払いパターンとその対応策……214
返品ルールはわかりやすく、しかし、顧客にも問題あり……218
返品者のパターンは3種類……219
会員規約（利用規約）・社内規定の重要性を知る……222
民法（債権法）改正で「定型約款」規定が新設……224
あとがき……226
巻末付録 利用規約（会員規約）サンプル

第1章

「悪意ある顧客」を定義する

「こういう行動をしたら『悪意ある顧客』と判断し、それ以上は相手をしなくていい」――。この認識を社内で共有することが従業員の心を救います。

4パターンしかない苦情・クレーム対応が難しい理由

【事例】　スキルの高いオペレーターの神対応

「買ったばかりの電子機器から異音がする」とのクレーム。翌々日に修理担当者が自宅に訪問して調べたところ、本来は必要のない小さな部品が混入しており、それが内部で動き、音を立てていることがわかりました。カスタマーセンターの担当オペレーターから改めて謝罪の電話を入れると、お客さまも「すぐに対応してもらえたので問題はない」と納得してくれました。

その後、最初のクレーム時にお客さまが「初期設定で困っていることが二つある」と話していたのを思い出した担当オペレーターが、「お困りだったことが解決していなければご相談に乗りたい」とメールを送り、電話でのアドバイスで問題を解決しま

した。お客さまには「ここまでやってくれるのか。次も御社の製品を買う」と大変に感謝していただくことができました。

この一件は、スキルの高いオペレーターが、優良な顧客に対して、いわゆる「神対応」をしたことで、双方にとって幸せな解決となったケースです。

前書きでも述べたように、リピーターや既存顧客のほとんどは優良な顧客です。収益の大部分は、このリピーターや既存顧客からもたらされます。

その一方で、通信販売やインターネットビジネスの仕組みを悪用して転売する、あるいは金銭などの特別な要求をする、さらには、自分の承認欲求を満たしたいがために常識を外れた謝罪を執拗《しつよう》に求めてくるような、悪意ある顧客も存在します。

数は少ないですが、こうした悪意ある顧客に対して誠意ある対応、例えば、この事例のような神対応を行い続けた場合は、目も当てらないことになります。誠実なオペレーターは相手に付け込まれて疲弊し、会社へのダメージも大きくなっていくでしょう。

とはいえ、感情的になっている相手を怖がる（嫌がる）あまりに、優良な顧客を「モンスタークレーマー」扱いすれば、それはまた大きな問題となります。

世の中の顧客には、「優良な顧客」と「悪意ある顧客」の2パターンがあります。また、顧客対応には、〈神対応〉と〈毅然とした対応〉の二つが存在します。

つまり、苦情・クレーム対応には、2通り×2通り＝4通りのパターンしかありません。にもかかわらず、なぜ難しいと言われるのでしょう。顧客担当者が疲弊し、新人が大量に辞め、最悪の場合は精神疾患などで退職を余儀なくされるケースが多く発生しているのはなぜでしょうか？　整理してみましょう。

(A) 優良な顧客 × 神対応 →→→ 感謝される (◎)
(B) 悪意ある顧客 × 神対応 →→→ 付け込まれて疲弊する (×)
(C) 優良な顧客 × 毅然とした対応 →→→ 怒りで疲弊する (×)
(D) 悪意ある顧客 × 毅然とした対応 →→→ 社員を守ることができる (◎)

（A）のような適切な対応を取ることができれば、顧客満足と社員満足につながりますし、また、（D）の対応をすれば社員を守ることができます。

それに対して、（B）の対応をしてしまうと、悪意ある顧客の多くは味をしめてしまします。一度味をしめた悪意ある顧客は、繰り返しやって来ます。また、情報社会の特性である情報網によって、同じような悪意ある顧客が列をなします。そのため、顧客担当者はどんどん疲弊するという悪循環に見舞われるのです。

かといって、（C）のように、それこそ正当な苦情・クレームを言ってくる優良な顧客を悪意ある顧客として扱うと、問題を必要以上に大きくしてしまいます。

もう一度、言います。その顧客の口調が荒くて怖いとか、その顧客のことが「好き」とか「嫌い」といったオペレーターの感情にかかわらず、《自分のために物を買いに来て、普通に購入したお客さま》は、全て「優良な顧客」です。そして、苦情・クレームをする人のうち99・9％は良いお客さまだと私は思っています。

苦情とは、**「自分が受けた不平不満に対して改善してほしいと要求する行為」**です。また、クレームとは**「被害や損害を受けたことに対してその補償を求める行為」**です。ということは、事業者に責任があって苦情・クレームを言われた場合には、誠実に対処するしかありません。

そして、それを言ってくれた人たちは普通の感性と常識を持った人たちです。

自分がその被害を受けたときのことを考えれば、それは当たり前だとわかります。

購入した商品やサービスに不具合があり、問い合わせをしようとコールセンターへ電話をしたとします。ただでさえ電話がつながりにくい相談窓口が多い中、散々待たされた挙句に、「担当が違う」とたらい回しにされたら、イラッとしてつい余計な言葉が口に出てしまうこともあるでしょう。

ましてや、新たな担当者が登場するたびに、また一から事情を説明させられる、あるいは、真面目に被害を訴えているのにモンスタークレーマー扱いするような対応をされれば、感情が爆発してしまう人もいると思います。

困っているから連絡したのに、それが伝わらず、強い口調で話すとモンスタークレーマー扱いされてしまうのです。許せないと思っても仕方ありません。

ネットニュースを時おり賑わせている「炎上騒ぎ」の多くは、実はこのパターンです。自分が被害者ならば当然のように被害を訴えるのに、自分がオペレーターとして苦情・クレームを受けたときには相手をクレーマー扱いすることが、そもそもおかしいのです。

本来の意味で、苦情・クレームを訴えてきている人たちは、事業者側に非があるときに、それをきちんと指摘してくれる有益な人たちです。このことを忘れないでください。

「悪意ある顧客」を定義すれば苦情・クレームは怖くない

私が通信販売事業者などで研修をするとき、参加者に対して、「あなたはクレームが好きですか？」と尋ねると、皆さん異口同音に「嫌いです」「怖いです」と言います。

逆に、「好きだ」と答える人はほぼいません。

しかしながら、「仕事においては好きか嫌いかと言っている場合ではないですよね？」ということにも、皆さん同意してくださいます。

そこで、みんなで話し合いをしながら、「苦情・クレームが嫌いだ。怖い」という感情がどこから来るのかを掘り下げていくと、それは「怒られるから」、そして「謝っても許してくれないから」といったことに行き着きます。

つまり、苦情・クレームそのものに対してではなく、相手の反応が嫌なのです。「自分の対応に対して相手が怒ったり許してくれなかったりすることが嫌だ」と言っているわけです。

しかも、**モンスタークレーマー系の人は、こちらが謝っても絶対に許してはくれません。そこで許したら自分たちの目的が達成できない**からです。

通常の苦情・クレームの場合、普通の対応をすれば当たり前のように問題は収まります。例えば、こちらが謝罪をして不平不満を解消してもらえれば、相手はそれ以上の文句を言う筋合いはなくなります。また、「損害をきちんと補償します」と申し出れば、相手はそれ以上、何も言う必要はなくなるのです。それが、正当な不平不満であるならば……。

それでも怒ってくる人たちというのは、何か別の目的があるということになります。

例えば、金品を要求してくるとか、オペレーターより上に立って何かものを言いたいとか、日頃の自分の鬱憤《うっぷん》を晴らしたいといった不当な圧力に対して、想像の世界で皆さんは「嫌だ」とか「怖い」と言っているわけです。

●「ここから先はお客さまではない」という線引きがオペレーターを救う

たしかに、そんな人たちの相手をいつまでもするのは、仕事であっても嫌です。電話口の向こうとはいえ、罵声を浴び続けたら怖いし、疲れ切ってしまうのもわかります。苦情・クレームを言ってくる大半のケースが、そういう悪意ある人たちに思えてしまうのも仕方ありません。

だったら、そういう人の相手はしなければいい。事業者の統一の見解として、「こういうことをする（言う）人は悪意があるので、ここから先はうちのお客さまではない。相手をしなくていい」という具体的な線引きが共有されていたら、どうでしょうか？

このラインまでは真摯《しんし》に、誠実に対応する。しかし、これ以上は相手にしない。もうお客さまではないので、解約しようが、消費者センターに行こうが、裁判所に訴えようが、「どうぞ好きにしてください」と明言できたら、オペレーターの抱える多くの悩みは解決します。

「悪意ある顧客」をきちんと定義し、それが共有できていれば、「自分の判断が会社に損害を与えたらどうしよう？」「どこまで我慢すればいいのだろう？」といった逡巡《しゅんじゅん》や葛藤がなくなるので、苦情・クレームは嫌なものでも、怖いものでもなくなるのです。

私がこう申し上げると、「悪意ある顧客に対して毅然とした対応をすれば、ネットが炎上するのではないですか？」という疑問を投げかけてくる人もいます。

たしかに、それはあり得ます。

しかし、事前にキャッチして対処する方法もありますし、もし炎上したとしても、多くの常識ある消費者は書き込みの内容を理解し、事業者側に同情してくれるため、「炎上させたクレーマーがおかしい」となります。

それでも一時的には信頼を失うことがあるかもしれません。しかし、顧客担当者のその後の対応次第では、また社会に対して販売を許され、ビジネスを開始することができます。

◉「お客さまは神様」ではありません!

昔、「お客さまは神様です」という言葉が流行《はや》りました。

国民的歌手の三波春夫さんが言ったとされる言葉ですが、その言葉通りに全てのお客さまを神様と捉えると、とても危険です。

実際、三波春夫さんのオフィシャルサイトでも、発言の誤解を解くために、こう記されています。

【三波にとっての「お客さま」とは、聴衆・オーディエンスのことです。また、「お客さまは神だから徹底的に大事にして媚びなさい。何をされようが我慢して尽くしなさい」などと発想、発言したことはまったくありません】(https://www.minamiharuo.jp/profile/index2.html)

小売業やサービス業で「お客さまは神様」と言われるのは、「お客さまがいるから生計が立てられる」ということなのでしょう。逆に、担当者から神対応をされると、余計にお金を払っても気にならないという感覚も相まって、全てを「お客さまは神様です」と捉えて使われるようになったのではないでしょうか。

しかし、残念なことですが、ごく一部とはいえ、不正を働くなど悪意ある顧客がいます。中には、自分が悪いことをしているという自覚のない人もいます。「これくらいならいいか……」と安易に考える場合などもあります。それは、学んできた教育や育ってきた環境、文化の違いによって生まれます。

事業者側は「これは不正だ」と思っていても、相手はなぜそれが不正なのかを理解できない場合があるのです。「不正」や「悪質」の認識がお互いに異なるからです。

さらに厄介なのは、事業者によって、また、価格によって、販売しているものの品質が異なる場合があることです。

見た目は同じような商品であっても、製造過程のこだわりが違ったり、使っている素材が違うなど、さまざまな要因で品質が異なるのですが、買った人はそこまで理解せずに、不満を募らせ、怒っている可能性もあります。この場合に、相手が「悪意ある顧客」と決めつけていいかは微妙です。

だからこそ、本来であれば、事業者のwebサイトにおいては、「こういうことをしたら不正になります」というわかりやすく明確な定義（ルール）が必要なのです。

ただ、定義（ルール）は、しっかりとつくらなければなりません。想定されるものが少なかったり、明確でなかったり、ポイントがずれていると、優良な顧客は違和感を覚え、悪意ある顧客はそれを利用しようとするからです。

※このときのリスクマネジメントは、四つのプロセスを踏むことが大切になりますが、それは第5章でご説明します。

◉そのお客さま、本当に「モンスタークレーマー」ですか!?

私の元には、「この人がモンスタークレーマーかどうか判断してほしい」という相談がよく持ち込まれますが、その際は、一通り資料を送ってもらって判断しています。

メールでやりとりをしていれば、そのメールの文面を全て送ってもらい、電話で話をしていたら、その内容もできるだけ細かく文章に起こして送ってもらいます。

その後、時系列に並べ替え、不足している情報を確認しながら内容を分析していきますが、こうした事例をたくさん集めて分類すると、「真のモンスタークレーマー」と呼ばれても仕方のないケースは、実は非常に少ないことが改めてわかるのです。

モンスターと誤認してしまったのは、多くのケースが、顧客とオペレーターとの間で意思疎通ができていない、もしくは、オペレーターが顧客の本音を理解できていないことに原因があります。

あるクレーム対応のマニュアル本の中には、「〇分以上電話口で怒鳴り続けているのがモンスタークレーマーだ」と定義するものがありましたが、これは少し早合点していると思います。

こんな荒っぽく間違った定義では、オペレーターは苦しくなるばかりです。正当な理由があって怒っている人までモンスター扱いすることになるからです。

繰り返しますが、**過去に「炎上」した事例のほとんどが、実は正当に怒っている優良な顧客をモンスタークレーマー扱いしたことで、事態を悪化させてしまったも**

のなのです。

◉憶測で他人の心の内を判断するのは危険

そもそもの話ですが、私は「モンスタークレーマー」という言葉をつくったこと自体が間違いだったと思っています。語感としては面白いし、言い得て妙だとは思いますが、【怒っている人＝モンスタークレーマー】との認識を持つ人が増えたことが、問題解決を難しくしてしまいました。

一方、コールセンターの担当者の立場で考えると、**特に顧客対応の経験と知識が不十分である場合には、相手がモンスタークレーマーかどうかはわからないでしょう。**本当にそうなのかもしれませんし、敢えて演じているだけかもしれません。

新人がすぐに辞めてしまうのは、これが大きな理由です。

このとき、担当者が「あなた、モンスタークレーマーですよね？」と聞くのは絶対にNGです（聞く人はいないと思いますが）。

例えば、お店に来て怒っている人が二人いるとします。そのうち一人はモンスタークレーマーです。

その二人に「あなたはモンスタークレーマーですか」と聞いても二人とも否定します。そして、優良な顧客は自分が正当な苦情・クレームを言っているのにクレーマー扱いされたことに怒り、一方のモンスタークレーマーはそれがバレないようにやはり強く怒るのです。

どちらにせよ、人が憶測して人の本心を判断することは、とても危険です。本人以外、モンスタークレーマーだとは断言できません。他人の心の内なるものを憶測で判断しようとすると、それは誤りを生む原因になります。

「悪意ある顧客」かどうかは「行動ベース」で決める

では、いよいよ「悪意ある顧客」を定義していきますが、大前提として確認しておきたいのは、どういう人が「悪意ある顧客」であるかは、個々人でも、事業者によっても違うということです。

例えば、フォーマルドレスを通販で売り、【未使用であれば返品可】としている場合――。返品されてきた商品を見ると、きれいに畳んでしまってあるけれどもどこか使用感があり、おそらく子供の入学式や卒業式で一度だけ使用したのだろうと思われるケースがあります。

この場合、その人を「悪意ある顧客」とするかどうかは、個人の感覚の問題になってきます。

クレーム対応でもそうです。例えば、初めてオペレーターになった人が受ける感覚と、ベテランでスキルが高く「大抵のことは何とも思わない」という人とでは、相手のことを悪質と感じるレベルが違ってきて当然です。

そのほかにも、経営者の理念、マーケティング戦略、販売戦略、価格戦略、ブランド戦略、顧客対応戦略など、さまざまな要因によっても定義は変わります。

したがって、**事業者として、「悪意ある顧客」をどう定義するのかを具体的に決めておかないと、オペレーターは悪意ある顧客かどうかを判断できない**のです。

◉口調の強さ、柔らかさは判断の基準にはならない

そして、ここが重要なところですが、「悪意ある顧客とは何か?」を考える場合に最も必要なことは、**「何をすれば悪質顧客になるのか?」を明確にする**ことです。全ての対応は、そこを起点に始まります。

そのときには、担当者の印象や感情、相手の見た目や口調などではなく、あくまで「行動ベース」で決めていかないと、担当者によって対応がブレてしまいます。特に、口調の荒さなどは人によって感じ方が違うので基準にはなりません。

例えば、東北の人が関西の人と初めて話すと、関西の人は別に怒っているわけでもない

のに、東北の人には口調が強く感じられることが多いのです。

感情を外して、相手が怒っていようが、何をしていようが、まずは話を聞きましょう。一見穏やかで、正しいことを言っているようでありながら、最後には「金を払え」といったことを言い出す人もいます。そこはまさしく相手の行動で判断し、切り返していきます。

◉悪意ある顧客を定義するために必要なプロセス

悪質と判定する行動は、過去の事例からみんなで話し合って、できればそれを文書化するようにしてください。そうすれば全員で共有できます。

これは、私が行っている研修でも非常に大事な部分です。

組織、企業で取り組む場合は、個人で書き出したものをまとめて統一することが必要になります。他の人の意見を聴き、相違点があればディベートするなど、最終的には組織、企業として、擦り合わせる必要があります。議論を重ねていけば、必ずそれぞれの組織、企業に合った優良な顧客と悪意ある顧客の閾値《いきち》が見つかります。

その後は、販売時のルールとして、利用規約や会員規約、社内規定などに落とし込む作業を行います。そして、事務フローやマニュアル、その他ツールを作成して社内で共有化し、監査でその実行状況を点検することが必要になります。

ルールが合わないと感じれば見直すことも重要です。想定したリスクが異なっていた場合も同じように見直します。定期的に、社内で情報共有や意見交換することを習慣化してください。

◉皆が同じ対応をすればクレーマーは「そこから先」には進めない

クレーマーは、電話を1回切ると、また別のオペレーターに電話をするものです。そして、「さっきはお前のところの社員がこんなこと言っていたぞ」とまた文句を言う。

こういうクレームが一番厄介で、次に対応した担当者がその話を否定すれば、同僚の対応を批判することになり、そこに矛盾が生じてしまうからです。

彼らは、それをまたクレームの種にして、「謝れ」と言ってきます。

大事なことは悪意ある顧客の定義が全社的に共有されていて、どこに電話をかけても同じ答えや同じ対応が返ってくることです。

皆さんが同じことを言えば、クレーマーはおそらくその先には進めません。「この会社はこういう判断をしているんだ」ということで諦めるでしょう。それを乗り越えようとする人間はよほどのクレーマーと言えます。

◉「悪意ある顧客」を漏れなく分類するために「MECE」を使う

悪意ある顧客をしっかり定義するために有用なのが、マーケティングを行う際にも利用されることが多い「ロジカルシンキング」（論理的思考）です。

その中に、「MECE（ミーシーあるいはミッシー）」と呼ばれる基本的概念があります。MECEとは、「Mutually Exclusive, Collectively Exhaustive」の略語で、さまざまな角度から仕分けることで、漏れなく、ダブりのない区分や分類を考えることができるのです。

例えば、「人間」で考えてみましょう。試しに、人間を生物学的に「男と女」で分けてみると、これは漏れやダブりがありません。「15歳未満と15歳以上」も同じです。

しかし、「自動車の所持者とオートバイの所持者」という分け方だと「両方を持っている人」が出てきてしまいますし、「眼鏡をかけている人とコンタクトをつけている人」だと、「裸眼の人」が漏れてしまいます。

このように、**悪意ある顧客の定義に漏れやダブりがあっては、現場のオペレータ**

図表1　優良な顧客と悪意ある顧客の境界線

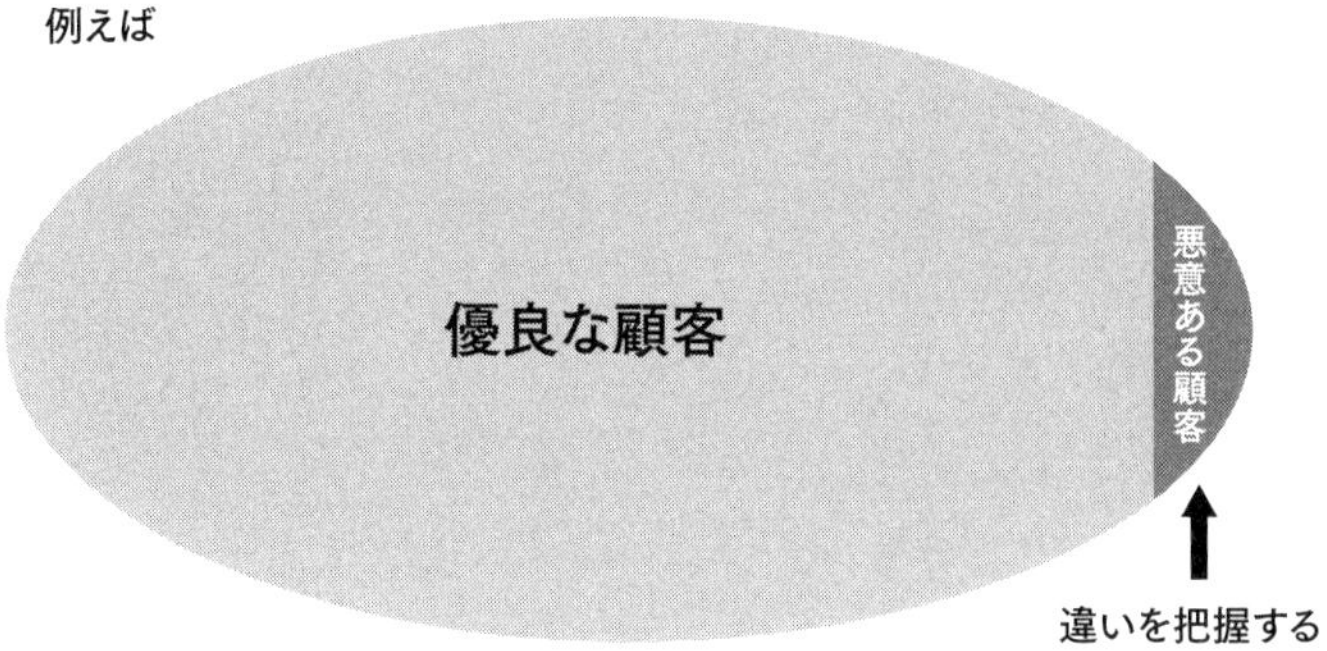

図表2　苦情とクレームと悪質なクレーム

苦情／優良な顧客	クレーム／優良な顧客	悪質なクレーム／悪意ある顧客
・不満や不公平に対し改善を要求する行為。	・ケガや被害を受けたことに対し、代償や補償を要求する行為。	・不当な要求を行う行為。 ・自分の価値観を強要する行為。
内容をヒヤリングし然るべき対応をする		**毅然とした態度でお断りする**
90%は、オペレーターに自己解決できる権限を与える		
教育・訓練（トレーニング）・認識の統一 ⇒ 継続的な打合せ（会議）・研修・ワークショップによる理解		

ーが自信と確信を持って苦情・クレームに対応できません。

なお、本書の目的はマーケティングではなく、リスクマネジメントの観点から「悪意ある顧客」を定義し、排除することですので、優良な顧客の仕分けはしていません。

◉不正顧客・悪意ある顧客を知っておくべき理由

先ほど、事業者によって不正顧客や悪意ある顧客の定義は異なると記しました。

となれば、**主な不正の事例、悪質な事例をできるだけ多く知っておく必要があります。** なぜなら、どんなに優秀な社員をリスクマネジメントの担当者に置いたとしても、人間は、想定していなかった事態や、知らなかった手口には適切に対応できないことが多いからです。

例えば、私が知っている事例では、3万円くらいするヘッドホンを買っておいて、「気に入らないから返します」と言って送り返してきたものは《同じ型の使い古したボロボロの製品》だった人がいました。

食品を販売したお客さまから、「商品を食べたら歯が欠けてしまった」とクレームを受けたという事例もあります。さらに、中古のＤＶＤでも中身はほぼ新品で、かなり状態がいいものを販売したら、「ケースが若干凹んでいた」と散々に文句を言われた事例もあります。一般的な組み立て式家具を販売しているのに、「組み立て式ってどういうことだ？」と怒りの電話が届いた事例もありました。

こういった人たちが結構いるのです。そのほかには、後払い債権によくあるケースですが、お金を払わない人も多いのです。常識的な人々にとっては想像できないような悪意ある顧客の事例は、まだまだたくさんあります。

ですから、事例出しは、従業員同士の話し合いだけでは足りません。自社ではまだ発生していないために、理解できていないこともありますから、そこは事例と解決策を数多く知っている専門家の助言を受けるべきでしょう。

悪意ある
顧客①

転売目的の不正購入者

【事例】 1回限りのお試し価格で何度も購入する顧客

健康食品の通信販売で、お一人さま1回だけ「お試し価格」でご提供していますが、明らかに一人のお客さまが数百回も購入しているケースを見つけました。その人は、わかりにくくするため、名前を変え、他人の電話番号を使い、住所の表記を変えて注文してきます。購入した商品は、フリマサイトなどで通常価格から少し値下げして売っているようです。転売自体は違法ではないので、認めざるを得ないのが実情です。

スーパーマーケットなどが「お一人さま◯点限り」といったキャンペーンを打ち、商品を宣伝したり、集客したりするケースがよくあります。その場合は、お店とお客さまの間でルールを決め、二つ目の商品を購入しないように店員や警備員が制限をかけて断るというやり方が実態だと思います。

ところが、お客さまの中には、いくつも手に入れるために、家族を動員して買い物に行くなど、あの手この手を尽くして、何個も手に入れているケースを見かけます。私自身も子供の頃に、よく駆り出されていたことを思い出します。

現代社会では、それと同じようなことが、インターネット上で行われています。しかも、店頭のときとは違い、そこに「嘘」が紛れ込み、通信販売事業者や他の消費者に対して、実質的に損害をもたらすケースが発生しています。また、大量に行われるため、通信販売事業者の想定するリスクの限度を超え、販売戦略を変更せざるを得ない状況にもなっています。

それが、「転売ヤー」の中にいる「悪質な転売ヤー」と呼ばれる人たちです。

例えば、彼らは自分の住所の表記を何種類も巧妙に使い分けて、何度も何度もお試し品やサンプル品を受け取ろうとします。

次ページの図表3をご覧ください。これらは、全て同じ場所に届く住所ですが、コンピューターのデータ上は、別の住所として登録されます。表記が省かれていても商品が届い

図表3　住所を「揺らす」ことで同じ人物が複数の登録ができてしまう

下記は筑波大学東京キャンパスの住所ですが、実際に送られてきた宅配便に記載されていたラベルを集めてみたものです。（ア）が正しく住所を表記したものです。（イ）～（キ）は、表記は異なりますが、人が見た場合、同じ住所と読み取ることができます。もっと言えば、同じ住所に配達される可能性のある住所表記になります。これらのことを、「住所を揺らす」という表現をしています。

（ア）　〒112-0012　東京都文京区大塚3丁目29番1号
（イ）　文京区大塚3－29－1
（ウ）　〒112-0012　大塚3丁目29－1
（エ）　文京区　筑波大学
（オ）　文京区大塚町三番
（カ）　東京都文京区大津3－29
（キ）　東京都豊島区大塚3丁目29番1号

てしまうのは、宅配業者は「届けて初めて報酬が入る」プロだからです。

加えて、日本人特有の習慣として、住所に「郡」や「字」という表記を入れたり、入れなかったりということもあります。これらの有無によっても違う登録になるのです。

通信販売の場合は、登録する電話番号はでたらめでも入力できますし、仮に本当の電話番号を書いたとしても、それが必要になるのは配達を受け取るときだけで、受け取った後には電話に一切出なければそれで済んでしまいます。

また、同じ住所であっても、宛先を《〇〇方》とすることで、たくさんの名前を使い分け、その都度商品を受け取るという方法もあります。

過去においては、不正購入者は代金の《未払い者》に多く見られたのですが、最近の傾向としては、お試し価格の場合は支払いをするケースが多くなっています。

副業・兼業が認められる風潮があり、インターネットビジネスは、手軽にビジネスができることから、グレーな転売をしても、「悪いことはしていない」「バレなければ何をやっても関係ない」「発見できないほうが悪い」といった考え方の人々が増えているような気がします。

一度、YouTubeを覗《のぞ》いてみてください。そういったお試し価格品やサンプル品の転売を指南している動画もたくさん発見できます。ご丁寧に、情報提供料として〇十万円を払えば、それ以上の利益を上げられるお試し品のリストを添付している人間もいました。

もっとも、転売自体は違法でも、犯罪行為でもありません。しかし、一人で数百回もの購入を行う行為は、どう見ても異常でしかありません。

こうした悪質な「転売ヤー」に対しては、諸外国のクレジットカードの不正検知のような手法で、不正を捉える仕組みが必要な状況になっています。

◉サンプル品の転売が悪である理由

２０１９年６月14日に、「特定興行入場券の不正転売の禁止等による興行入場券の適正な流通の確保に関する法律」（チケット不正転売禁止法）が施行されました。特定のチケットを不正に高額で転売すると、違反者は1年以下の懲役もしくは１００万円以下の罰金または併科と、かなり厳しい罰則規定となっています。新型コロナウイルスでも、マスクの転売が問題になりました。

とはいえ、私は転売の全てを否定しているのではありません。ただし、お試し品やサンプル品、初回限定割引品などの転売はダメです。通信販売事業者や他の消費者に対して、実質的に損害をもたらすことになるからです。

サンプル品は購入する前に自分に合っているかを試すためのものであって、転売して利益を得るためのものではありません。サンプル品を、一定量を超えて注文されると、本品購入の転換率の正しい値が算出できず、本品にそのコストを上乗せしなければならなくなります。

また、サンプルは無償であったり、通常価格より安価であったりすることから、転売されると、自らのマーケットを荒らされることで、正常な市場競争とは別の市場競争となり、せっかく思いを込めて開発した商品が売れず、最悪の場合、経営を断念することにもなりかねません。ですから、不正検知システムなどでしっかりと見抜き、販売しない対応が必要になってきます。これらの管理を、本書では与信管理と呼びます。

顧客対応管理にしても、与信管理にしても、間違った対応をすれば、収益はいずれなくなり、対応を放置すれば知らない間に被害が大きくなっていきます。そのため、事業を行うものにとって、適切な対応を間違いなく行うことがとても大切になるのです。

コラム

転売ヤーの疑いの強い申し込みを洗い出すシステムを開発

私は筑波大学大学院で転売ヤー検出の方法を学び、こういった怪しい手口を目視で全て確認したうえで、調査を行いました。

商品の支払いをしない人の中に、こういう怪しい住所表記をしている人がどのくらいの割合でいるか、そして、きちんと支払いをした人の中にこういう表記をする人がどのくらいの確率でいるかを比べたのです。

その結果は、配送先の宛名を「〇〇方」と書いている人の場合、支払いをきちんとした人の割合は0・3%でしたが、支払いをしていない人の割合は、2・5%もありました。

また、その他に住所表記の類似度を測って、住所の建物名などを微妙に変えてくる転売ヤーの住所を見抜くシステムも開発しました。ブラックリストにある住所との照合や、ブラックリスト化する前に、直近1か月間で同じような表記の住所にたくさんの注文をしている場合も検出できるようにしたのです。

こういった数値を支払率と合わせると、閾値が出ました。閾値が出たということは、それよりも低い人たちは、基本的に悪意ある顧客と判断しても差し支えないことになります（もちろん100%ではありませんが、AIを使って正解率を高め、間違い率を低くしていく努力を続けています）。

悪意ある顧客②

モンスター返品者・返品詐欺・不当返品

【事例】　返品のキャンセルが続く顧客

アパレルをeコマースで販売する事業者からの相談です。「商品のキャンセルに次ぐキャンセルを受ける」というのです。しかし、マーケットプレイスによっては、全てのキャンセルは受け付けなければならない規約になっているところもあります。

ある顧客のケースでは、過去にも別の商品を購入し、その多くをキャンセルしていました。悪意が感じられるため、ブラックリストに入れて二度と購入できないように登録したところ、今度は、購入できないことに対してクレームが届いたのです。

この件についてマーケットプレイスに確認したところ、その顧客はキャンセルの常連でした。ただ、「悪意はなく、あまり深く考えずに買い物をする顧客である」とのこと。最終的には、顧客に連絡し、誠実に内容を伝えたところ、その顧客からキャンセルについての明確な理由と謝罪を受けることができました。名前は男性でしたが、実際に使用される方は女性でした。

このように、通信販売では悪意もなく、単に返品は当たり前と思っている顧客もいるので注意が必要です。特にアパレルでは、自分の欲しい商品があった場合、サイズ違いや色違いがあるため、さまざまな通信販売事業者へ注文し、自分に合う商品が一番早く届いた1点だけを残して、全て返品する顧客が存在するのです。

通信販売事業者側にとってはいい迷惑ですが、これに対応する手法はなく、今のところ顧客の言いなりに返品を受け付けるところが多いのが実情です。

◉アパレルでは返品にまつわるトラブルが多い

特定商取引法には、「クーリングオフ」という制度があります。訪問販売などで知らないうちに、あるいは勢いに乗せられて、つい契約をしてしまったものの、「よくよく考えるとやっぱり止めたい」という消費者を保護するために制度化されたものです。

通信販売も特定商取引法の類型に指定されていますが、クーリングオフ制度は適用されていません。その理由は、消費者が「何らかの広告を見て、自らが購入のために来店し、購入の意思決定をしたもの」と解釈できるからだと言われています。

ところが、消費者の購買行動が研究される中で、悪質な事業者とのトラブルの多さから返品特約が制定されました。返品は、消費者の信頼を勝ち取るにはとても大切な制度だと思いますし、また、誠実な返品制度は通信販売事業者のブランド力を高めることになります。

しかし、この返品制度を使って不当に商品を手に入れる、あるいは利用する消費者が後を絶ちません。よくあるのが、既に例に挙げた「レンタル感覚の返品」です。

フォーマルウェアなどを、利用したい日に合わせて注文し、利用が終わると「やっぱり合わなかった」と返品してくるケースです。

ほかにも、返品可能な時期を越えての返品など、規約外の返品も多いのですが、それを指摘すると、「聞いていない」「詐欺だ」などと開き直るのです。そのほかにも、購入した商品以外のものを返品してくる顧客や、「返品した」と言い張る顧客などさまざまです。

繰り返しますが、**善意の返品だけであれば、返品を受ければブランド力が上がる**

と思います。しかし、悪意のある返品が相当数、存在するのも事実です。

　これらは不正購入と同じく、そのまま放置すると次々に狙われることになり、事業者の利益を圧迫します。また、本来は改善の余地のある良い情報のはずなのに、本当の理由が見えない価値のない情報となって、余計に無駄な改善を試みることになるのも、事業者にとっては大きなマイナスです。

悪意ある顧客③

悪質な苦情・クレーム

【事例】 全国1200店に計7000回のクレーム電話

2015年9月26日付朝日新聞デジタルに、『「ケーキに毛」詐欺容疑で逮捕 近所の住民が尾行し判明』という記事がありました。「ケーキに毛が入っていた」と、嘘のクレームを入れていたようです。半年間に全国30都道府県の1200店以上に計約7000回電話したことが記録からわかっています。

前述したように、通常の苦情・クレームは、誠実な対応で納得していただける内容が多く、説明、謝罪、商品・サービスの停止・返品・交換などで解決するケースがほとんどです。

一方で、悪質なものは、そこに嘘や誇大した内容が加わります。

例えば、不当な解約に加えて、賠償として金品の要求をしたり、自己の価値観を強要したりといった内容です。これら悪質なケースは、ミスを明確にして、謝っても許してもらえず、長い期間にわたって合意の目処《めど》が立たない交渉が続くこともあります。

「顛末《てんまつ》書を書け」とか「個人名を教えろ」といった、本来とは関係がなく、恐怖心を煽《あお》るためにだけ突きつけてくる要求もあります。

対応にあたった従業員に、「お前バカなんだろう！」などと、怒鳴りながら誹謗《ひぼう》中傷をする人間もいます。怒鳴ることは威迫にあたり、従業員への誹謗中傷は名誉毀損にあたる可能性もあります。

これら悪質な苦情・クレームには、必ず矛盾点があります。その矛盾点を見つけて対処を考えるしかなく、本当に犯罪に近い内容であれば、問題が大きくなる前に、専門家（弁護士、警察、コンサルタントなど）に相談することが大切です。

そして、心に傷を負った従業員には、メンタルのケアも必要です。

悪意ある顧客④

他の事業者からの妨害工作・低評価レビュー

【事例】　突然、低評価のレビューに大量の「役に立った」コメント

新発売のアイデア家電が反響を呼び、売上が急増していたところに、マーケットプレイス上に、「ひどい製品だった。メーカーの対応も悪く、二度と買わない」とのレビューが投稿され、大量の数の「いいね」や「役に立った」ボタンが押されたことで、販売数が鈍化してしまいました。内容は根拠のない批判だっただけに許せません。

最近、テレビやwebニュースなどでも見られるのが、ネガティブレビューです。ただし、私はこれを一方的に悪と決めつけているわけではありません。本当に悪質な業者が存在する場合に、ネガティブレビューは消費者を守り、同じ被害者が出ないようにするために、一定の効果があると思うからです。

ここで取り上げているのは、他の事業者からの妨害工作として、ｗｅｂに記載される「サクラ」のネガティブレビューのことです。

例えば、ネガティブな書き込みの中には、真実と相違するものが存在します。購入していない顧客からのネガティブな評価や書き込みなどは、レビュー自体が嘘なので、まさに事実と反します。嫌がらせで書き込みをする中には、競合相手によるものも多いようです。

書き込みだけではなく、そのネガティブレビューに対しての「いいね」や「役に立った」など賛同する評価をすることでも、その商品やサービスの評価が下がります。実際に被害を受けた通信販売事業者の中には、数千万円の見込売上がなくなったと言われるケースもありました。

また、妨害工作の中には、大量注文を行い、全件返品されるものがあります。返品の中には、受取先が公共施設や存在しない住所であったり、別人などによる受取拒否などの事象も確認されています。相手に少しでも損害を与えることを「戦術」と考えている、きわめて不誠実な事業者もいるようです。

不正顧客・悪意ある顧客を知ると、自社の優良な顧客が見える

私は、クレジット会社で長い間、債権回収担当業務を行っていた時期がありました。来る日も来る日も、未払い者との交渉が続きます。お金がない人は、あの手この手を使って、言い訳をしてくることがあります。

そんな人たちだけを専門に交渉していると、世の中との価値観がズレてきて、非常識な人ばかり、あるいは、悪意ある人ばかりであるかのように感じられるほどです。

問題は、そうした従業員の思考が2次被害を生むことです。**「全ての顧客が悪い人に見える」という意識、あるいは、「この人は悪意ある顧客ではないか？」と探りを入れる行動は、電話越しの会話であっても相手に伝わることがある**のです。

これらは、認知バイアスがかかった状態と言えます。

認知バイアスとは、認知心理学や社会心理学で使われる言葉で、基本的な統計学的誤り

であったり、社会的帰属の誤りであったり、記憶誤り（虚偽記憶）であると言われています。

ネガティブな記憶は、他の記憶よりも人に与える影響は強く、偏向がかかった状態で顧客のことを見てしまう結果となります。悪意ある顧客などは、実はほんの一握り。ほとんどのお客さまは優良な顧客です。

ただし、悪意ある顧客は印象が強いため、一度対応した担当者は、「また嫌な思いをするのではないか？」と常に恐怖と闘うことになります。不正顧客・悪意ある顧客ばかりに目が向くようになってしまうのです。

だからこそ、顧客担当者は、「自社に収益をもたらす優良な顧客は誰か？」を認識しておくべきなのだと思います。

特に**優良な顧客は「無口」**です。満足しているからこそ、黙って買い続けてくれているので、自社でしっかり探さなければ見逃す結果になります。自社のファンをどこまで探して、その人たちの声をいかに収集して反映させるか？　また、叱咤《しった》激励があれば、その想いをしっかりと受け止める事業者側のスタンスも、必要になってくると思います。

コラム

多くの顧客は不満があっても黙って去っていく

以前、大手小売事業者の上役の方と話したときに、「顧客の最大の権利は買わないことだ」とおっしゃっていたのがとても印象に残っています。「その事業者からは買わない」というのは、たしかに私たち消費者が行使できる権利です。

それと似た話に、「サイレントクレーマー」の存在があります。文字通り、無言のまま去っていく顧客のことです。多くの顧客は、苦情・クレームを入れたいのを我慢して、あるいは、その労力を無駄なものと感じて黙って去っていくのです。

したがって、顧客分析を行う場合に注意すべきなのは、不正顧客・悪意ある顧客がデータに混ざると、優良な顧客の行動分析が偏向される可能性があることです。そのため正確な実態が見えなくなり、販売戦略が意図しない方向に向かう場合があるのです。

過去、通信販売事業者のデータを分析してきた経験から、私は優良な顧客の割合の多さにいつも驚きを隠せませんでした。

また、データの中から10年間買い続けているお客さまを何名か見つけたときなどは、他人事ながら感動しますが、ほとんどの会社では、「販売開始当初から買い続けている顧客がどの程度いて、それが誰なのか?」を認識していませんでした。

僭越《せんえつ》ながら、事業者の方々は、これら本当のファンの方とコミュニケーションをとり、大いに感謝すべきではないかと思うのです。

第2章

悪意ある顧客を見抜く魔法の言葉

新人オペレーターは苦情・クレームが嫌で辞めるのではありません。悪意ある顧客を見抜けないから辛くなって辞めるのです。

「魔法の言葉」を使うと悪意ある顧客は同じ反応をする

顧客対応研修には、大きく分けて二つの種類があります。CS（顧客満足）系の研修と危機管理系の研修です。どちらも非常に大切ですが、専門性が高いため、ほとんどの場合は別々に行われています。

CS系では、顧客に満足してもらうためのテクニックを学び、危機管理系では、理不尽な顧客に対するロープレ（ロールプレイング）で学びます。優良な顧客に対してはCSが、悪意ある顧客に対しては危機管理が必要だからです。

ただし、そうするためには、**今、目の前で怒っている相手が、優良な顧客なのか悪意ある顧客なのかを判別**できなくてはなりません。

本書のここまでの内容を確認しておくと、まず、感情と行動はハッキリ分けて考えてください。何度も指摘しているように、激しく怒っている相手が悪意ある顧客とは限りません。

次に、「そもそも、自社にとって悪意ある顧客からの不当な要求とは何か?」を理解し、定義し、全員で共有する必要があります。

また、不幸にも、不当要求を行う悪意ある顧客の対応を行った従業員には、十分なメンタルケアも必要です。経営者が、不当要求者に対して曖昧《あいまい》な判断をする、あるいは、任せ切りにしていると、従業員は一層疲弊する結果となります。

それらを踏まえたうえで、以下に紹介する三つの前提と四つの「魔法の言葉」を使いながら、その相手が優良な顧客か悪意ある顧客かを判別し、対応していきましょう。

これらに共通して言えることは、あなたの対応に問題がなければ、相手の反応は必ず2通りに分かれるということです。

例えば、優良な顧客は、問題が解決されるのをそのまま冷静に待ちますが、それに対して悪意ある顧客は、あなたの対応をいちいち非難し、反発を深めていきます。なぜなら、あなたの対応に満足してしまうと、その人の本当の目的（金品の要求や日頃の不満を解消するために他人を罵倒し続けることなど）が達成できなくなってしまうからです。

そうした反発を受けることで悪意ある顧客の真の目的が理解できるので、その後は、事業者として決めている方針を守り、毅然として対処していくことが重要です。

図表4　相手の反応は必ず2つに分かれる!

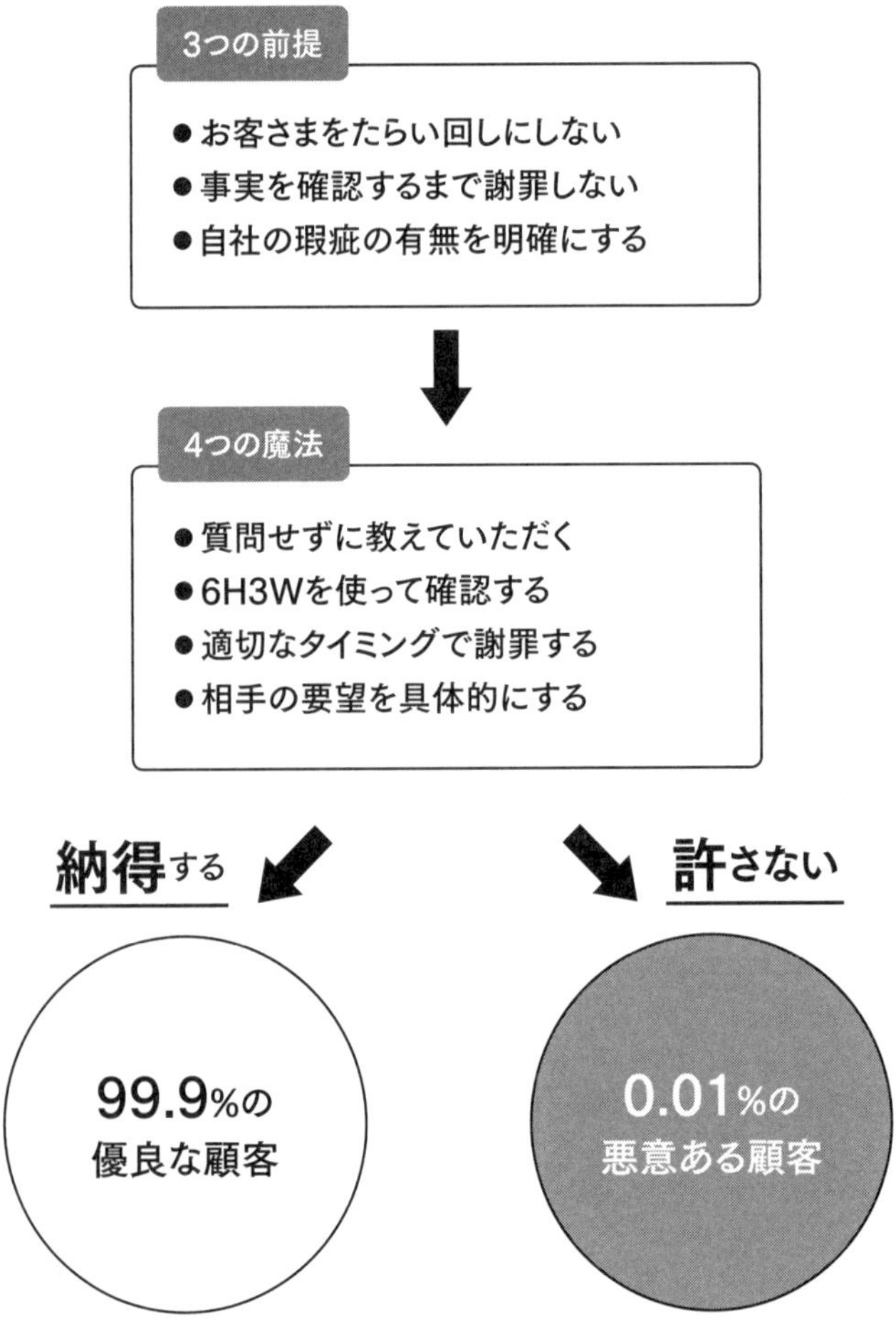

前提①

お客さまをたらい回しにしない

苦情・クレーム対応において一番大事なのは、お客さまをたらい回しにしないということです。

単なる問い合わせであっても、電話で長い時間を待たされ、やっとつながったオペレーターから「私は担当ではありません」、あるいは「番号をご案内いたしますので別の部署にもう一度お電話をおかけ直しいただけますでしょうか……」などと言われると、ついイラッとして、それ自体が苦情につながることがあります。

ましてや、苦情・クレームの連絡をしているのに《たらい回し》に遭うと、怒りが込み上げてくるほどです。

自分の身に置き換えても、こうしたことは実感できるはずなので、もし初めから苦情・クレームとわかったなら、たらい回しにしないことが賢明です。

このとき大切なポイントを三つほど挙げておきます。

一つ目は、「私は担当ではないので……」は禁句ということです。

私の経験から言うと、「担当に代わりますね」というのはたらい回しではありません。しかし、「私は担当ではないので○○にお電話してください」という言い方になると、お客さまはたらい回しにされていると感じるようです。

二つ目は、「私は、あなたの担当です」と宣言することです。

「私があなたの担当なので何でも私に言ってください。あなたに代わって、私が会社と交渉します」と申し出ると、相手が優良な顧客の場合であれば、それだけでも顧客の信頼を勝ち取ることができます。

その後、優良な顧客か悪意ある顧客かを判断するためにも、これはとても大切なことです。

三つ目は、「この人はヤバそうだな」と思ったときの対処法です。

この場合は、次のように言うと効果的です。

「私はあなたの担当ではありませんので、その件についてここでお答えはできないのですが、私があなたの代わりに会社に文句を言います。担当部署にも問い合わせてみますので、なぜ、今お客さまがお怒りになっているのか私に全部教えてください」

図表5　たらい回しと感じさせない工夫

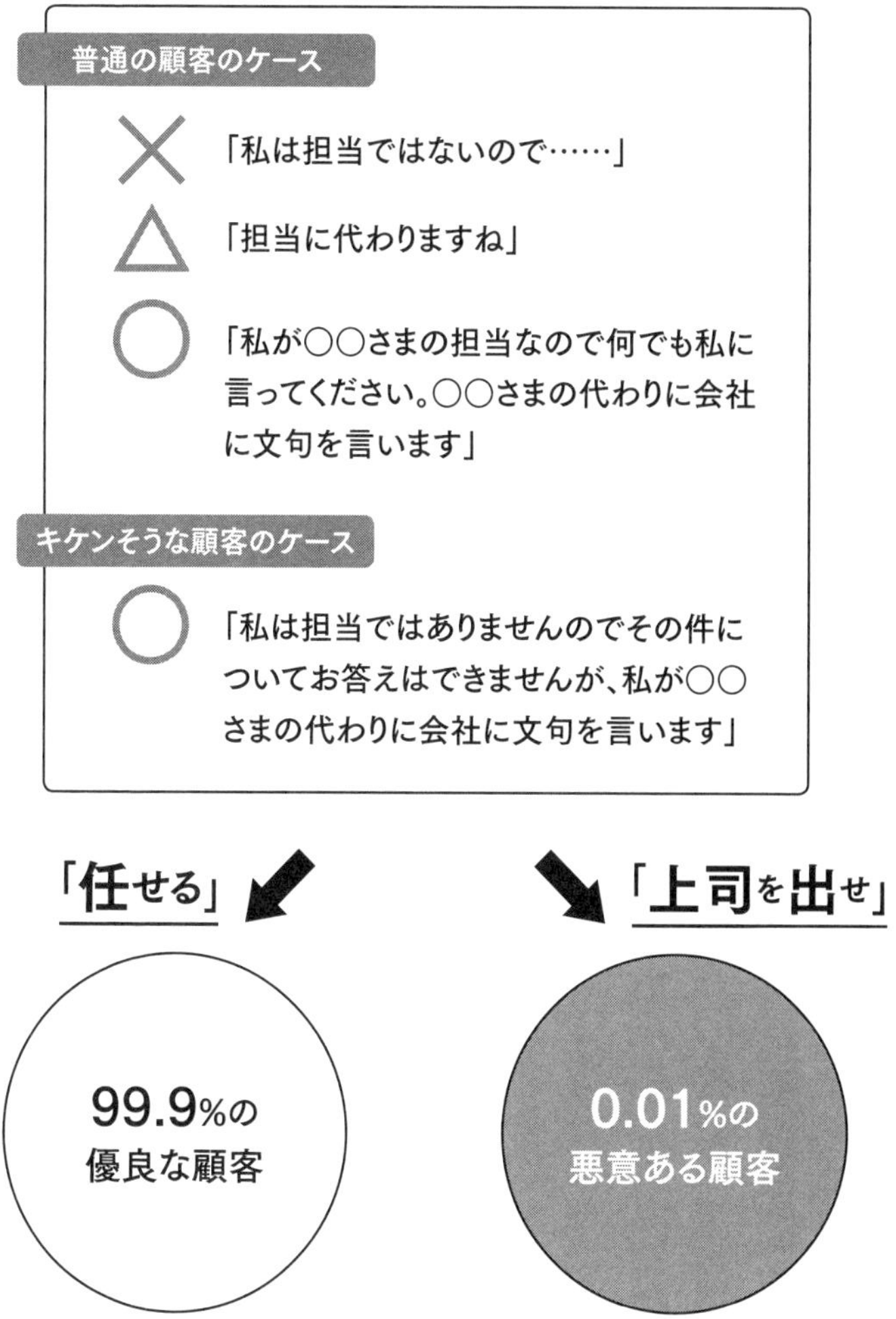
普通の顧客のケース
×
「私は担当ではないので……」
△
「担当に代わりますね」
○
「私が○○さまの担当なので何でも私に言ってください。○○さまの代わりに会社に文句を言います」

キケンそうな顧客のケース
○
「私は担当ではありませんのでその件についてお答えはできませんが、私が○○さまの代わりに会社に文句を言います」
「任せる」
「上司を出せ」
99.9%の
優良な顧客
0.01%の
悪意ある顧客

ここまで話していくと、相手が優良な顧客であれば、「あなたに全部任せるからちゃんとやってね」という反応になりますし、相手が悪意ある顧客であれば、「お前じゃ埒が明かない」という反応になります。

こちらがそこまで言っているのに「いや、お前じゃ信用ならん」という言い方になるのは、相手に別の目的があるからです。そこで判断ができるわけです。

前提②

事実を確認するまでは謝らない。ただし……

【事例】 2年前に購入した化粧品が原因で娘のニキビがひどくなった

化粧品を販売するある通信販売事業者に起こったトラブルです。通常、身体クレームの場合、医療機関に行って診断してもらい、因果関係が認められる場合は、商品代金や治療代金などを支払います。

しかし、このケースは少し違いました。よく話を聴いてみると、「過去に買った化粧品が原因で娘のニキビがひどくなった。1年前にパッチテストを受けたときに陽性反応が出た。治療費を支払ってほしい」というものでした。

さらに、実際に存在する病院名を挙げ、エビデンス（当時受診した証拠書類など）がないにもかかわらず対応を迫られました。しかも、購入は過去1回だけ。その後は購入していません。連絡してきた母親いわく、「知人に話をしたら『化粧品会社に言えば治療費などが請求できるはずだ』とアドバイスされ連絡した」とのことでした。

購入時期から著しく年数の経過している苦情・クレームは、その対応が難しくなります。なぜなら、人の記憶は曖昧になりますし、エビデンスが紛失していることも多くなるからです。さらには、状況や環境が当時とは変わってしまっていることもあります。

しかし、だからこそ、適切に対応するためには、正確な状況把握が必要になります。エビデンスの収集に努め、相手の説明に矛盾がないかを一つひとつ冷静に確認していくという、丁寧な対応が求められるのです。

普通に考えれば、「そんな前の話を持ち出されても……」と思うところですが、事例のケースは身体に関するクレームであり、また、しっかりとした病院のエビデンスがあるならば、最低限の対応は必要と考えられます。

その確認の仕方はこれから紹介していきますが、前提として忘れてはいけないことがあります。

それは、**《事実を確認するまで謝らないこと。ただし、いかなる場合においても相**

手を心配する対応、つまり、気遣いは必要である》ということです。

◉気遣いをし続けると優良な顧客は喜ぶが、悪意ある顧客は余計にキレる

特に、最初に連絡を受けたオペレーターの対応は重要です。謝罪することなく、相手側の考えに基づき、同調しながら、問題や課題を時系列にまとめ、正確に把握しなければいけません。

では、そこでどうやって話していけばいいのでしょうか。

（ア）「申し訳ございません」
（イ）「ご迷惑をおかけしております」
（ウ）「お身体は大丈夫ですか」

上記三つの中でダメなのは、もちろん（ア）です。

これでは客観的に見ても謝罪していることになり、会社としてミスを認めることにもなってしまいます。まだ状況がわかっていないうちにミスを認めてしまうのは、当然ながら

図表6　気遣いと謝罪の境界線

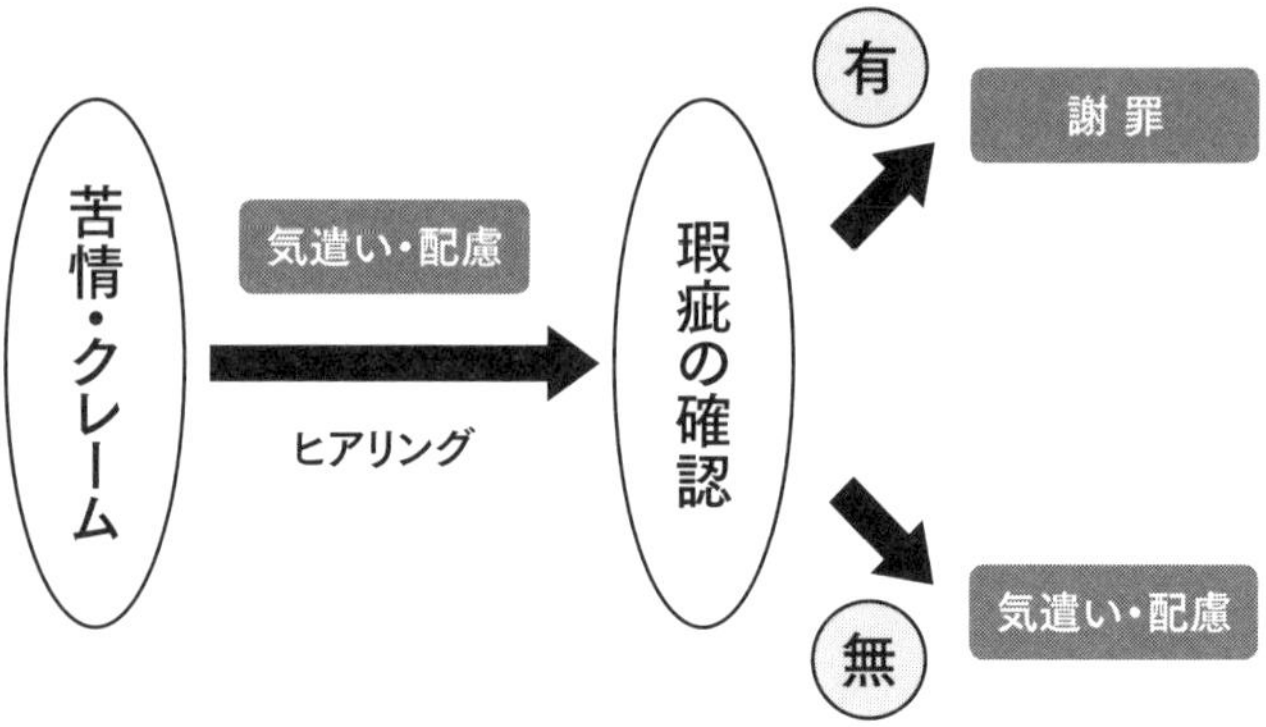

あまり良くありません。

この場合は、（イ）の「ご迷惑をおかけしております」のように、主観的に申し訳ないという思いを伝えるのが正解です。

あくまでも、自分の目から見て、《何か迷惑をかけているのだろうから気にかけている》というスタンスで対応するのです。

ただし、人としての気遣いは大切ですから、（ウ）の「お身体は大丈夫ですか」という言葉も必要になります。

こうした気遣いを続けるもう一つの理由は、気遣いをし続けることで、相手の反応は二つに分かれるからです。ですから、たとえ相手が横暴な態度を取っていたり、嘘をついている場合であっても、気遣うことを止めてはいけません。

相手が優良な顧客であれば、あなたの気遣いは心地よく感じるでしょう。それに対して、悪意ある顧客にとっては煩わしく感じるはずです。その判定のためにも、しっかり気遣う必要があるのです。

また、謝ることと気遣うことが違うのと同様に、気遣うことと《不当な要求を飲む》ことはまったく別問題です。そこで不当と思われる要求に応じてはいけません。

ところで、事実が明らかになるまでは謝罪してはいけないのならば、謝るとしたらどのタイミングがよいのでしょうか。

それは、完全には原因が分からなくても、自社に瑕疵《かし》がある、つまり、こちらが悪いという可能性が高くなったときです（次節参照のこと）。

前提③

自社の瑕疵の有無を明確にする

【事例】「化粧品に虫が混入していた」というクレーム

通販の化粧品の箱の中に「虫が入っていた」というクレームがありました。製造工程から考えても、あり得ない話ですし、事業者として調査をしても理由がわかりません。

初動の時点で必ず明確にしなければならないのが、自社に瑕疵があるかないかです。

つまり、こちらに非があるかないかということですが、瑕疵があろうがなかろうが、不当な要求は起こる可能性はあります。しかし、瑕疵があるのとないのとでは、少し話が変わってきます。

自社に瑕疵がある場合は、当然ながらきちんとお詫びをし、相応の補償が必要になります。逆に、全く瑕疵がない場合は、きちんと説明して納得してもらわなければなりません。

また、瑕疵はなくても誤解を招くようなことが自社で行われていた場合は、それを是正する必要があります。

とはいえ、当然ながら原因がわからないこともあります。

事例の件も、虫がどこで入ったのかはよくわからないのです。

「しばらくポストの中に入っていた」という話なのでそこで入ったのかも知れませんし、配達途中で混入したのかもしれません。最終的には、どこで入ったのかはわからなかったのですが、同じ事象が全く別のところで発生していたことから、倉庫に保管してあるときに入り込んだ可能性もわずかながらありました。

そのため、「限りなく黒に近いグレー」という結論になり、そう判断した時点でクレームに対してはとにかく下手《したて》に出て謝罪し、商品を交換しました。

このように、完全には原因がわからなくてもこちらが悪いという可能性が高ければ、そこは認めて謝罪して商品を交換するという対応が必要です。

見分ける魔法①

質問するのではなく《教えていただく》

【事例】「化粧品が酸化しているから調べろ」とのクレーム

ある化粧品の通信販売事業者から、「顧客からの問い合わせに苦慮している」と相談がありました。顧客いわく、「夏の暑い日に、郵便ポストに梱包された商品が入っていたが、配達員が無理やり押し込んだのか、ボトルがポスト内に落ちていた。梱包を開けて使用したところ、酸化したような匂いがした。なぜこのような匂いがするのか説明しろ」と苦情の連絡があったというのです。

よく「ヒアリングする」という言葉を使いますが、相手からすると、根掘り葉掘り聞かれるのは、あまり気持ちのいいものではない場合があります。

優良な顧客の中には、「尋問か？　疑っているのか？」と感じる人がいるでしょうし、悪意ある顧客にとってはあまり細かなことは聞かれたくないので「早く済ませたい」という意識が働きます。

この二つは、見分けがつかないくらいに似た対応なのですが、少なくとも、優良な顧客には心地よく思っていただく必要があります。そのため、私のセミナーや研修では、**ヒアリングではなく、「教えてください」と申し出る**ことを勧めています。

「当社の商品には、自信があります。今までにお客さまがおっしゃるようなクレームをいただいたことはありません。ただ、何かの過程において、おっしゃるような事象になったかも知れません。お調べしたいので、詳しく教えていただけないでしょうか？」

例えば、こんなふうに聞かれた場合、優良な顧客は「しっかりした会社だな」と思うでしょうし、心地よく感じると思います。一方、悪意ある顧客は「まずい！」と思うことでしょう。

このように話していけば、少なくとも、連絡してきた相手が優良な顧客なのか、悪意ある顧客なのかはおおよそ判断がつくと思います。下から「教えてください」と言われて、普通の感覚の人なら、「お前が勝手に調べろ」とはなかなか言えません。そもそも、「教え

図表7　上手なヒアリングのコツ

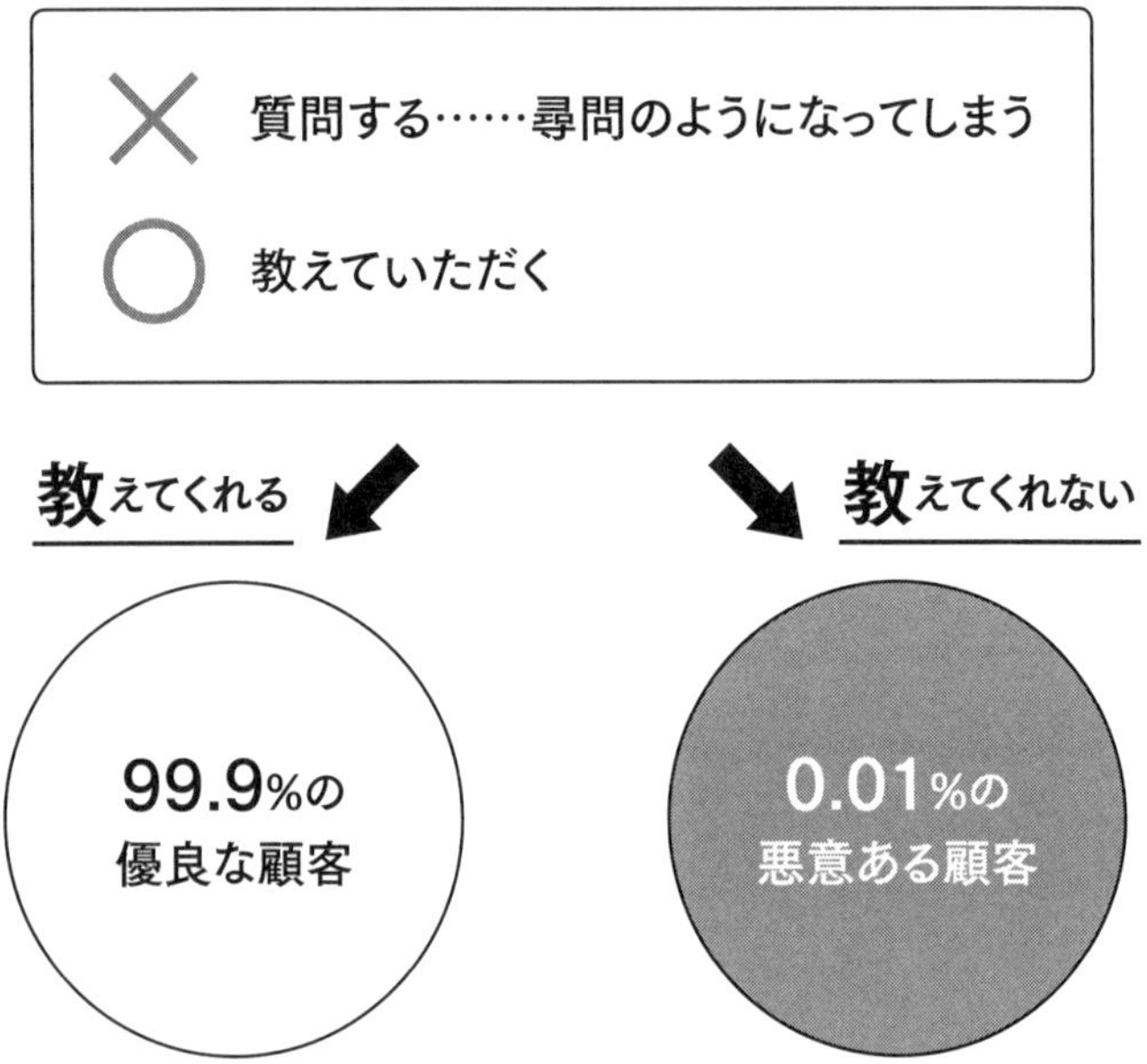

てください」という言葉を使い続けたら　本当に困っている相手の場合は教えてくるからです。

これを繰り返すことで、優良な顧客と悪意ある顧客は、自然と分かれていきます。「教えてください」は魔法の言葉です。

今回の事例で言えば、「教えてください」と言って、クレームの内容をよくよく聞いたところ、定期購入の2回目と3回目を同時にポストから取り出したとのこと。つまり、2回目の商品は、夏日に1か月ほど放置されていたことが判明しました。

事業者側としては、「他に同様の苦情はなく、特種環境に放置されていたためのものと思われる」と返答したところ、相手はそれを理由に、定期の解約および手元にある商品の返金を依頼してきましたが、特種環境での保管と思われることから返品を断っています。

それを受けて、「消費者センターに言うぞ」「弁護士に相談するぞ」という話になったのですが、「どうぞご自由になさってください」という対応で、一件落着しました。

＊なぜそうなるかは、第3章をお読みいただければわかります。

見分ける魔法②

メモを時系列に取って矛盾点がないか確認する

最近は通話内容を音声データに残すことが流行っています。しかし、**苦情・クレーム対応ではしっかりメモを取ることが重要**です。

音声データは後で聞き直し、対応を振り返るのにはとても良いツールですが、リアルタイムの初動対応には向きません。なぜなら、いちいち聞き返すことができないからです。その場で振り返るには、メモが一番。とにかくメモを取りながら、相手の話を一つひとつ時系列でまとめていきましょう。

また、私の元に相談に来られる際、聞き取った内容を文章に長々と書いてこられる方もいますが　それでは矛盾点がわかりにくいので、やはりメモのほうがありがたいです。

メモを基に登場人物、場所、時間などを整理していくときは、Excel などを使うと効果的です。全体の構図や背景、あるいは、まだ不明な点や話の矛盾点も見えてきます。

苦情・クレーム内容に抜けや漏れ、矛盾があれば、改めて確認する必要がありますので、わからないことはその場でしっかりと聴く癖をつけるとともに、常に失礼のないように聴くことを習慣づけましょう。

もしかしたら、顧客の勘違いかも知れません。嘘をついているかも知れません。初動対応でしか聞けないことも多くあります。後で聞き直すと、「なぜ最初に聞かないの！」などと怒り出す人もいます。聞けること、聞かなければならないことは、しっかりと確認することが大切です。

◉話に矛盾が出てくる人は悪意ある顧客の可能性が高い

ヒアリングをする際には、簡単な質問表をつくり、「教えてください」と聞いていきましょう。例えば、「それをやったときには一人だったのですか？　いつ開封されたのですか？　配達にはどういう人が来られましたか？　もしかしたら配達員が壊したかもしれないので具体的に教えてください」……といったことを延々と聞いていくのです。

すると、ここでも、良い人と悪い人の二つに分かれます。

もちろん、話していることに矛盾がない人が優良な顧客で、矛盾点が出てくる人が悪意

図表8　質問のコツは「6W3H」

苦情・クレーム対応の際には、「教えてください」という言葉を使いますが、質問の目安としては、「6W3H」を意識するとよいでしょう。事業者としては、スタッフに質問シートのようなものを渡しておいて、「聞くことはたくさんありますよ」という意識づけをしてあげてもいいと思います。

When（いつ）……購入時期・時刻・配達日時・タイミング・期限・季節・頻度

Where（どこで）……地域・住所・場所・位置・屋内外・建物・階数・名称

Who（誰が）……担当・グループ（誰と）・家族・友人・配達員

What（何を）……商品・サービス・内容・種類

Why（なぜ）……動機・理由・背景・必要性・意義・目的

Whom（誰に）……相手・関係・人数

How（どのように）……手段・方法・進め方

how much（いくら）……金額・単価・費用

how many（どのくらい）……数量・規模

ある顧客の可能性が高くなります。

　本当に困っている人の場合は、困っている理由がわかるでしょうし、相手がおかしい場合には、「教えてください」と言い続けているうちに、自分で自分の言っていることの矛盾点に気づいてくれることが多いのです。「ああ自分が悪いんだな」と。

　私もコンサルをしているときには、見本になるものをつくってお渡ししますが、初動時のメモ書きでは、時間と登場人物、場所、そして、その人の状況説明くらいしか聞けないはずです。

　必要であれば、この初動対応を何度も繰り返してください。

見分ける魔法③

必要なときは適切なタイミングで謝る

普通、自分の非は認めたくないし、謝りたくないものなのですが、適切な時点で適切に謝ると、その人の評価はむしろ高まるようです。

『謝罪の研究』（大渕憲一著、東北大学出版会）という本の中に、興味深い実験が紹介されています。

実験では、まず大学教授が58名の女子大学生を対象に、大学生なら誰でもできる簡単な課題だと説明して、問題が書かれたスライドを次々に見せて解いてもらいます。

次に、そのスライドの切り替え操作をしていた実験助手がわざとミスを連発し、そのために学生たちの成績が悪くなるように仕組みます。

その結果を見た教授は、「ずいぶん成績が悪いなあ」と言い放ちます。つまり、学生たちが実験助手に対して怒りの感情を持つように仕向けたのです。

これを受けて、実験に参加した学生たちには、三つのグループに分けて対応します。

①実験助手が謝らないグループ

②実験助手が、成績が悪かったのは自分のミスのせいだと教授の前で謝るグループ

③学生と二人だけのときに、実験助手が同じように謝るグループ

さて、その後、各グループの学生たちに実験助手の「人物印象」と「能力」を評価してもらいました。

すると、助手から謝罪を受けなかったグループよりも、謝罪を受けたグループのほうが、助手の印象も能力も高く評価したことがわかりました。ちなみに、②の公的謝罪と③の私的謝罪を比べると、悪印象・不快感情とも②のほうが低くなっており、謝るのであれば関係者が立ち会っている場で謝るほうがよいこともわかりました。

◉自社に瑕疵があることがわかったらすぐに謝罪する

では、苦情・クレーム対応において、オペレーターの評価が高まるタイミングはいつでしょうか。

それは、**自社に瑕疵があるとわかった時点ですぐに非を認めて謝る**ことです。

反対に、最初に突っ張ってしまい、後々に謝らなければいけないところまで追い込まれてから謝っても、評価は下がる一方になります。

他人に謝れない理由としては、「負けた感覚になるから」とか、「謝ると自分の評価が下がるから」など、いろいろあると思いますが、それは大きな勘違いです。しかるべきタイミングで、きちんと謝れば、相手が普通の人の場合は、評価は上がります。

このことは、経験を積み、いくつも失敗を重ねれば多くの人が気づくことです。私自身もこれまでずいぶん失敗してきました。思い出したくないことはたくさんありますが（笑）、失敗をする前に理解するに越したことはありません。

見分ける魔法④

相手の要望を具体的にする

【事例】「商品を食べたら歯が欠けてしまった」とのクレーム

かた焼き煎餅を販売したお客さまより、「商品を食べたら歯が欠けてしまった」とクレームを受けました。相手が「治療費を出すべきだ」としつこくすごんできたので、つい常識的な範囲で具体的な金額を口にしたところ、「そんな金額では納得できない」と、余計に感情的になってしまいました。

苦情・クレームの初動対応では、具体的にしなければならないことがあります。それは、**顧客の要望を明確にすること**です。

・キャンセルを希望しているのか？
・交換を希望しているのか？
・謝罪を要求しているのか？
・その他の賠償を要求しているのか？　もし、賠償ならいくらを望むのか？

こうしたことを具体的な金額にまで可視化することが必要です。

ただし、その際には、自分のほうから金額の提示をしてはいけません。

もし、あまり話が煮詰まっていない状況でこちらから金額を提示すると、それは金額を釣り上げる材料にしかならず、不当な要求時には致命的な対応になりかねません。例えば、5000円を払えば許してもらえるのか、あるいは、1万円なら許してもらえるのかということがわからないうちに、「では今回は5000円をお支払いさせていただきます」と言ったら、「ふざけるな。お前の気持ちは5000円なのか？」という話になります。

つまり相手の土俵に乗ってしまうことになります。自分からは、決して具体的な金額の話をしてはいけません。逆に、「お客さまはいくらをお望みなのですか？」「どうなればご満足されるのでしょうか？」などと、具体的な質問を投げかけていくようにしましょう。

第3章

悪意ある顧客に毅然として対応する

仮におかしな書き込みをされても、常識的な人ならば「クレーマーのほうがおかしい」とわかります。不当な要求に対しては毅然とした対応が必要です。そして、一度対応を決めたら絶対に曲げてはいけません。

定義を決めたら事業者としての対応策を決める

第3章では、前章で判明した悪意ある顧客への対応方法を簡単にご説明します。

あくまでも悪意ある顧客への対応なので、決して優良な顧客に対して同じ対応をしないようにしてください。優良な顧客からも同じような罵詈雑言《ばりぞうごん》や要求が出てくる場合もありますが、その場合は、本当に悪意ある顧客のものとは意味合いが異なることを理解しましょう。

また、悪意ある顧客と判断した場合、できれば現場担当者へ任せ切りにせず、組織として対応すること、そして、早めに専門家（弁護士、警察、コンサルタントなど）のアドバイスを受けることをお勧めします。

どんなことでもそうですが、事態が悪いほうへ進めば進むほど、解決には時間も労力もお金もかかります。ボヤのうちに火消しできるよう、専門家に気軽に相談できる体制を整えておくべきです。

それは経営的な観点だけではなく、従業員を守るためでもあります。

スタッフにとって、恐怖と闘いながら対応することは、とても勇気のいる行為です。

「モンスタークレーマー」とされるケースには、組織への攻撃ではなく、個人攻撃を繰り返すものが多いので、揚げ足を取られ、詰め寄られ、脅される担当者は、心を破壊されることもあります。

以下にご紹介する7つの方法を使って、悪意ある顧客による不当要求に対応していただきたいと思います。

対応法
①

「責任者を出せ！」と言われても拒否する

「責任者を出せ！」

「今すぐ回答しろ！」

「今すぐ来い！」

苦情・クレームの際にこうした言葉が顧客から出てくるのは、「責任者に代われば自分の主張を押し通せる」という判断があるからです。

ただし、本質にかかわること以外で「あなたでは頼りないので話にならないから責任者を出せ」と言っている場合は、担当者の対応が悪い、もしくは、自分の主張を理解してもらえていないといった不満があるときです。このケースでは、優良な顧客である場合が多く、まだ習熟していない担当者が対応した場合に多く見られますので、上司が出ていって助けたほうがいいでしょう。

しかし、**本質の部分で話し合いが平行線の場合、クレームを訴えている人には何か別の意図があります。**このままでは自分たちの本当の目的が果たせない、あるいは、このままでは話の矛盾点が明らかになってしまうというときに、「お前じゃ話にならないから責任者を出せ」と言い始めるのです。

そういう相手に対して、内容を曖昧な状態にしたまま責任者を出してはいけません。

彼らは、こちらに間違えた判断をさせて、有利な条件を導き出そうとしています。それに対して、上司はきちんと事情を理解していないまま、したたかなクレーマーの相手をしなくてはいけなくなります。

彼らは「お前のところの下の者が粗相をしたぞ。お前が責任を取れ」などと言って、ぐいぐい詰めてきます。そこで「わかりました」という発言をすると、その後いろいろな要求を出されてしまいます。

ですから、上の人間は事情もわからず出るべきではないのです。

事実、金融機関などは動かせるお金が大きく、常軌を逸した要求も出やすいため、そうした状況で絶対に上司は出ていきません。

では、「責任者を出せ!」と言われたら、何と言えばいいのか?

例えば、こう言ってみてください。

「上司に伝えますので詳しく教えてください。上の者が判断できるような材料を報告しなければいけないので、それを私に話してください。事実関係が明確になっていないものは上司に報告できませんし　そもそも話してくださらなければ報告できません」

そこで話を聞かれるのを嫌がる人たち、しかも、こちらが下手に出て教えてくださいと言っているにもかかわらず教えてやらないという態度の人たちはおかしな人たちなのです。

これは、「今すぐ回答しろ」「今すぐ来い」なども同様です。

ただし、本当に時間がない場合もあるので、話の内容を注意深く傾聴してください。特に急ぎでもない内容なのに急がせる行為があった場合には、要注意です。

対応法②

「誠意を見せろ!」には何が誠意か確認する

「誠意を見せろ!」というのもよく聞く言葉です。

もともとは、脅す立場の人間が法律的な対策として、金銭ではなく「誠意」という言葉を使っていたのでしょう。今では我々もそう受け取ってしまっていますが、これはとんでもない間違いです。

特に、誠意をお金と思い要求する行為は、不当要求にほかなりません。損害賠償という言葉もありますが、これは損失を補填する行為であって、誠意とは少し違います。

もし、本当に迷惑をかけている場合は、損害賠償的な金品の授受はあり得ます。

また、自社の商品・サービスの瑕疵により謝罪しなければならないときに、菓子折りを持参すると、相手の心を和らげる効果があるのは否定しません。

しかし、これは誠意ではなく、コミュニケーションを円滑に行うためのテクニックではないでしょうか？

誠意とは、心から謝罪することです。

ですから、**誠意としての金銭の要求は拒否してください。**

もし、「私たちの誠意は心からお詫びすることです」と言っているにもかかわらず、「そうではないだろう！」と言われた場合は、何が誠意か相手に確認してみるといいでしょう。

そこで、「自分で考えろ！」と言われたら、「誠意は心から謝罪することです」と主張してください。

もし、金品の要求をしてきた場合は、「それはできかねます」と、毅然と断ってください。

対応法③

「消費者センターに言うぞ！」には「どうぞ」の一言

【事例】「マスコミや弁護士に知り合いがいる。消費者センターに言うぞ」という顧客

ある通信販売事業者からの相談。オーダーメイド家具を一方的にキャンセルしてきた顧客に、規定通りにキャンセルはできない旨をお伝えすると、激高して「消費者センターに言うぞ。マスコミにも弁護士にも友人がいるぞ。管轄官庁にも知り合いがいるぞ」と言われました。

抗議のメールの文面には、「甲」や「乙」といった法律用語風の文言が並んでいて完全に脅す気満々のものでした。最初は「弁護士に言うぞ」ということだったので、こちらも顧問先の弁護士さんに相談して、「担当の弁護士さんの連絡先を教えてください」と連絡したら教えてくれず、今度は「消費者センターに言うぞ」という話になりました……。

急成長していたある通信販売事業者の対象者から、こんな相談を受けたことがあります。

「最近『消費者センターに言うぞ』と顧客から言われることが多くなった」というのです。

そのため、その事業者の担当者と一緒に、実際に消費者センターに足を運び、同社に関する相談件数の実績を聞きに行ったことがあります。

すると、実際には、消費者センターがそれだけの数の相談を受けた事実はなく、年間に数件しか連絡が入っていませんでした。

つまり、ほとんどのケースでは、「消費者センターに言うぞ」は、単なる脅し文句だったのです。

ほかにも、消費者センターの名前を脅しに使っているケースが散見されますが、こうしたときは毅然として対応すべきです。

この事例の場合も、「やむを得ないので連絡してもらって結構ですよ」と伝えました。すると、本当に連絡したらしく、消費者センターの担当者から事業者に連絡がありました。「その方がどう話しても納得されないので、ここは何とか返品に応じていただくわけにはいきませんか？」と言うのです。

もちろん、拒否しました。「もし、私たちに非があるのであれば応じますが、私たちのどこに非があるのか教えていただけますか？」と話したら、「御社はどこも悪くありませんん。しかし返品に応じていただけませんか？」と言うのです（笑）。冗談のような話ですが、本当です。

これも、もちろん丁重にお断りしました。そして、「こちらに非がないだけではなく、強い口調と脅し文句で従業員が疲弊した以上、一方的に要求を飲むわけにはいかない」と伝えたところ、後日、その顧客からは謝罪がありました。

◉消費者センターはその性格上、よほど悪質な事業者でない限り動かない

事業者側は、消費者センターから連絡が入るのが怖いので、「消費者センターに言うぞ！」という言葉は非常に強い脅しに感じます。

しかし、真面目に営業している限り、それほど心配する必要はありません。

これは誤解を生む表現かもしれませんが、消費者センターとは、消費者からの相談を受けて、それがどういう状態なのかを判断し、まずは自分自身で解決する方法を伝えてさしあげる——という性格の組織です。

例えば、「キャンセルができないのですが……」という相談には、「では、こういう方法を採ってみてはいかがですか？」とアドバイスをし、時には消費者自身の勘違いなども指摘し、それでもどうしようもない場合、かつ、事業者が悪質そうだと判断した場合に動くのが一般的です。

もちろんクレーマーのような方から興奮した電話がかかってくることも多いようですが、消費者センターが事業者に対して何か行動を起こす場合というのは、同様の相談が各地で相次ぎ、かなり悪質な事例だと判断したときです。

消費者センターは各地にあり、普段はそれぞれのシステムがバラバラに動いています。しかし、月に1回、クレーム系の相談事例を統合しているため、本当におかしな事業者の存在は、その時点でおおよそわかるそうです。事業者の調査が始まるとすれば、それ以降です。

ですから、真面目に営業している事業者に関して、1件くらいの相談があったからといって、事業者に何か言ってくることはありません。しかも、本当に悪質なクレーマーが連絡した場合には、「あなたも悪いですよ」と言われてしまうので、彼らが実際に消費者センターに相談することはほとんどありません。

もう一度結論を述べます。**本当に真剣な苦情・クレームについては、事業者がきちんと対応すれば解決へと話が進むので、そもそも「消費者センターに言うぞ」ということにはならないのです。もしその言葉が出たら、それは脅しということです。**

こちらに非がない場合には、「どうぞご連絡ください」と伝えましょう。

対応法④

webへの書き込みは2日以内に手を打つ

「webに書き込むぞ！」

これも、こちらに非がなければ、「消費者センターに言うぞ」と同じく、「書き込みをしてもらってもいいですよ」と言うことは可能です。

しかし、この場合、「消費者センターへ言うぞ」とは違い、若干難しい面があります。というのは、書き込みを真実と思った善意の第三者が、その文面を拡散することがあるからです。早くに気がつけば、いろいろな手を打つことは可能ですが、もし時機を逸し、誤解が蔓延《まんえん》した場合、長い期間、販売の機会を損失することになります。

万が一、**実際に書き込みをされた場合は、早目に、躊躇せずに、弁護士などの専門家に相談し、対処することが大切**です。拡散する前であれば、削除することもできるかも知れません。

事業者側に非がないと認められれば、損害が発生した分だけ、弁護士などから民事訴訟をしてもらうことも可能です。ほかにもさまざまな方法で対処することは可能ですが、短期間に行わなければ、意図しない方向に向かい、かなり費用もかかることになります。

webへの書き込みに関しては、二つに分けて考えるべきです。素人がただ不満を書いただけであれば、それほどの広がりはありません。その書き込みの内容がひどい場合には、その人の人格が疑われるということになることが多いのです。

しかしプロに、相手を攻撃しようという意図のもとに徹底的にやられたら、話が難しくなります。

書き込まれた直後なら削除すればかなりの確率で何とかなりますが、対処するとすれば2日以内です。弁護士に連絡してもらう、あるいは、当該サイトに連絡をするなど、それまでに何らかの対処をすべきです。それを専門にやってくれる弁護士もいます。

この時期を越えて一旦情報が広がり出してしまったら、手遅れになります。

◉マーケットプレイスの低評価レビューへの対応

また、マーケットプレイスのレビュー欄については、悪知恵が働く悪い人がいます。

図表9 「webに書くぞ」と言われたら……

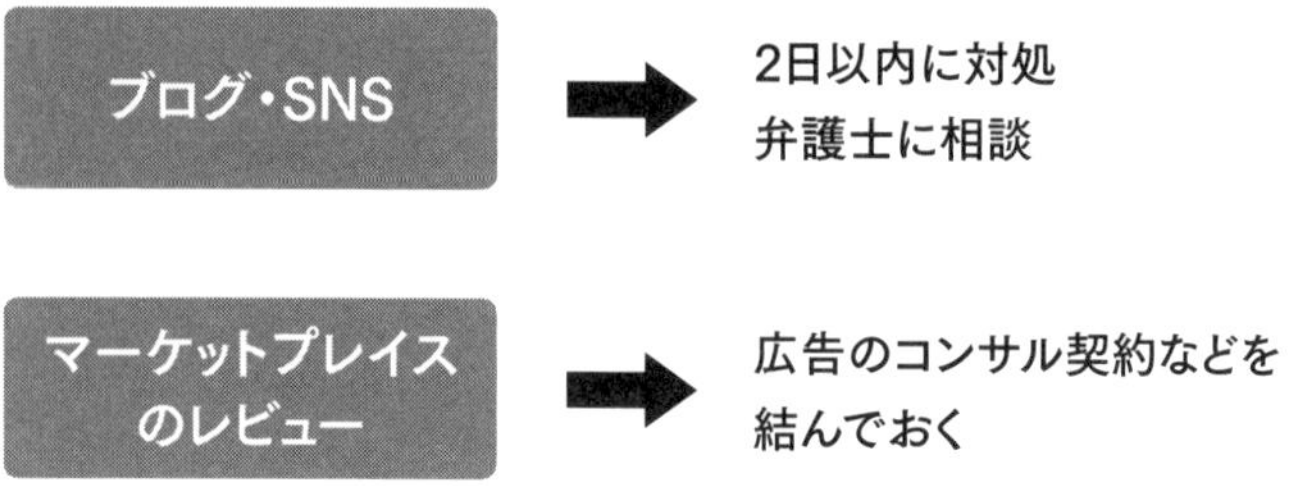

一度レビュー欄に低評価をつけたうえで、「この製品は私には合いませんでした」と書き込みます。その後に、「この投稿が役に立った」というボタンを何百回と押すのです。そうするとその低評価のレビューが一番上に上がってくるので、これをやられると事業者にとっては厳しいことになります。通販のマーケットプレイスによっては対処してくれないので、そのマーケットプレイスから退店して別で売るか、商品を入れ替えるしかなくなるのです。

マーケットプレイスによっては、広告などのコンサル契約をしている場合に限り、その一環として対処してくれることもあるようです。その場合は、そういった契約料も必要経費と考えるべきでしょう。

書き込みをされた場合には慎重な対応が必要です

が、前述のように、素人の書き込みとプロのような悪意のある書き込みの2種類があります。何か書き込まれたからといって、事業者がそれで潰れるというわけではありません。

こちらに非がなければ、「書き込むぞ」と言われても弁護士を立ててきちんと対応すればいいでしょう。脅迫にあたる場合はなおさらです。

そこで「ちょっと待ってください!」などと言っていたら、よりエスカレートした要求をされてしまいます。

対応法⑤

悪質性が強い人には「ゼロ回答」でいい

【事例】　ミスに乗じて交渉される

eコマースでアパレル商品を販売している事業者のトラブルです。後払い決済を導入していますが、コンビニ決済の入金データ到着がリアルタイムではないため、入金しているにもかかわらず、入れ違いに督促状を発送するケースが生じました。もちろん、督促状には「入れ違いの場合はご容赦ください」との文言は入れてあります。

ある日、男性顧客からそのケースの苦情が入ったので、調査し、事情を説明し、謝罪したうえで、督促状の破棄を依頼しました。しかし、その顧客はそれでも許さず、「代表を出せ」と迫ってきました。電話では埒が明かないと思ったのか、会社にFAXを送りつけてきます。困った上司がヒアリングを行い、男性の要望を聞いたところ、実は自分の扱う商品を購入してもらおうとする営業行為であることが判明しました。

不可抗力のあるケースであるにもかかわらず、通信販売事業者がミスを認め謝罪するだけでも、この事業者はかなり良心的です。しかし、それを逆手に、弱みを握ったような交渉を行うことは、あるまじき行為と言えるでしょう。

苦情・クレームの定義をしっかりと決め、一線を越えたトラブルには、毅然とした態度が必要です。この件でも、悪質な事象と判断した担当者が毅然とした態度でお断りしたところ、諦めたのか、その後の連絡はなくなりました。

通販では、1日でも発送が伸びると事業者を詐欺扱いする消費者も多いため、正確さよりもスピードを競う傾向があり、結果的にミスが多くなるのも業界の特徴です。

だから常に苦情・クレームを受けることになるのですが、一般的に重大なミスの確率は0・3%と言われています。通信販売を利用するほとんどの顧客は、ある程度寛容な姿勢を持っていると思われるものの、中にはミスに乗じてよからぬ行為に走る人がいるので注意が必要です。

もう一つ、事例を挙げましょう。

【事例】「家具のコンセントがはまらない」というあり得ないクレーム

家具の通信販売事業者のケース。四つの電源コンセント（2個ずつ分かれて設置）が付いている机に関してのクレームです。「電源コンセントが四つとも差さらない」とのことでしたが、電源コンセント自体は国内有名メーカーのものを使っており、机の製造元に確認しても「電源コンセントに関して、全く差し込めない状況はない。そもそも電源コンセントには通電検査があるため、多少硬くとも左右共に差し込めないという状況は想像し難い」とのことでした。関係者の誰に聞いても、「強めに差し込めば口が緩んで通常に使用できるようになる」とのことなのですが、そのお客さまだけは「交換しろ」と理解してくれません。

そこで、改善策をお伝えしたうえで、それでも交換を希望する場合、「戻ってきた机に電源が入った場合は交換に際しての作業費（運賃）が発生する」旨を伝えると、ショップではなく、家具の製造業者に強硬なクレームを入れてきました。

「消費者センターへの報告と、取り扱い通販サイトへのレビュー投稿などを予定している。一緒に製造元の対応も報告するため、貴社の対応をお聞かせください」というのです。

交換に応じる場合、全く同じ不当な要求を繰り返す悪意ある顧客がいるので要注意です。

過去には、「異物が混入していた」と食品の交換を要求され、証拠もないまま「食べた後の空き箱」と交換したところ、「また同じように異物が入っていた。交換しろ」と不当な要求をしてきた顧客の事例があります。

さすがに断ったところ、「罵声を浴びせられた」とオペレーターから報告を受けました。

こうした**悪意ある顧客に対しての回答としては、「できかねます！」が適切です。要するに、ゼロ回答です。**

相手が悪意ある顧客の場合の最大限の譲歩は、キャンセルに応じて返金するか、交換に応じて、今後はもう取引しないということになります。

こちらに非があった場合は、もちろんある程度の補償はしなければいけないのですが、それ以上、何か要求する人に対しては何もする必要はありません。悪意の強い人と早めに判断できた場合は、全てゼロ回答と決めてしまいましょう。

ただし、方針を一度「ゼロ回答」と決めたら、脅されようが何されようが、途中で変えないことが必要です。途中で変えることがわかると、相手によっては条件交渉ができることになります。「脅せばもっと要求が通る」ということになるのです。

対応法⑥

「納得できない」という人には、じっと耐えて傾聴する

「できかねます」というこちらの回答に対して、悪意ある顧客は、「納得できない！」と怒ることがほとんどです。悪意ある顧客にとっては、ここで諦めるわけにはいかないからです。

この場合、「ご期待に応えられずに申し訳ありません」「貴重なご意見をありがとうございます」と切り返す程度しかありません。**じっと耐えながら、相手の言葉を傾聴します。**もし、その中で、威迫にあたるような言葉が出れば、恐怖を感じるので止めてほしい旨を、しっかりと伝えてください。

私が以前勤めていたクレジット会社では、否決になった顧客から「納得できない」と連絡があっても、否決理由も社内の判断基準も一切伝えることを禁止されていました。

個人情報の開示になることと、社内判断基準は社内の機密事項であって外に出すことが

できないという理由でした。

そのため「否決理由を聞きたい」いう顧客からの問い合わせには、ロボットのようにこう答え続けるしかありませんでした。

「当社の判断によりお受けすることができません。また、当社の判断基準は開示することはできません」

このようなとき、中には「バカか、お前は！」とか「私には信用がないって言うのか！」「判断基準を開示しろ！」と罵声を浴びせられることもありました。それでも開示できるわけもなく、じっと我慢するしかありませんでした。

中には、「殺すぞ！」と言ってくるひどい顧客もいました。その時に限っては、「今、なんとおっしゃられましたか？」と何度か繰り返して質問したうえで、「恐怖を感じるので止めてもらえますか？」と伝えていました。

対応法⑦

「筋論クレーマー」には証拠を揃えて理解を示す

最近、「筋論クレーマー」と言われる厄介なクレーマーの存在が問題になっています。

プライドが高い方が多く、自分の主観や価値観を他人に押し付けようとするので、**「自己主張型」とも言われていて、シルバー層にこのタイプが多い**ことが知られています。

特に、団塊の世代の方々が定年退職後に、かつて部下を叱咤激励したのと同じようにコールセンターへ電話をかけ、正論を振りかざしてオペレーターを「指導」し、正してやろうとするケースが多いのです。

彼らの苦情・クレームは、事業者に対して厳しい批判の目を持ち、特に金品を不当に要求することがないのが特徴です。苦情の内容は概ね正しく、一理あるのですが、叱りつけるのが目的なので、謝ってもいつまでも許してくれないところが厄介なのです。

クレーム相手は公共施設やマスコミなどが多く、担当者の対応に誠意がないとなれば、より上層部へと同意を求めようとします。

この場合には、通常の価値観では相容れることはできなくても、とにかく相手の主張を傾聴することが大事です。そして、常に理解を示すのです。

サラリーマン時代に私が直接かかわったケースで印象深いのは、事業者のミスに対して、3か月にわたり疑問を投げかけ続けた人がいました。「自宅を訪問してきちんと説明してほしい」ということで、私が訪ねて解決することになりました。

飛行機とバスを使って約3時間かけて訪問し、説明したところ、30分もしないうちに、「こんなところまで来てくれたのだからもう十分だ」と納得してくださいました。組織に対して苦情・クレームをつけるものの、人の誠意を感じて納得される場合もあるようです。

このように、筋論クレーマーとも理解し合えればいいのですが、限度を超えた場合は、やはり毅然と対応するしかありません。

筋論クレーマーの場合は、万が一、相手から不当な要求が出た場合、もしくは、威迫する行為が見られた場合は、それが切り返すタイミングとなります。そこでし

っかり説明できるように、エビデンス（証拠書類／メモ／音声）などを整え、弁護士・警察などの強制力のある専門機関へ相談することが望ましいと思われます。

コラム

相手の話すトーンに合わせて話す

筋論クレーマーに限りませんが、クレーマーに対して効果があると言われるのは、相手の話すトーンに合わせてこちらも話していくという方法です。

例えば、相手が穏やかな口調のときは自分も穏やかに話し、相手が大声を張り上げてきたら自分も大きな声で、そして、小さな声には小さな声で返していくのです。

なぜなら、話すトーンに落差があって、相手ばかりが大きな声を出していると、心理的に大きな声を出しているほうが優位に立っているように感じるからです。

そこで、相手のトーンに合わせていくと、相手の感情も収まっていきます。

必要とあらば何度でも初動対応を繰り返す

以前、テレビで警察の特報番組を見ていたときに、110番センターの様子が映っていました。そのとき画面の後ろに「初動が命」という電子掲示板のテロップが流れていたのを見ました。事件・事故は、初動の対応を誤ると命にかかわるのだと、改めて感じたのを覚えています。

これは苦情・クレーム対応でも同じです。**最初の10分、最初の5分の対応で、その後の流れと結果が決まります。**初めの一歩、ファーストコンタクトで、できるだけ徹底的に聞くことが重要なのです。

とはいえ、初めの10分で初動対応が終わらない場合があります。相手とのコミュニケーションが上手くとれなかったり、お互いの認識が間違っていたりして進んだ場合などは、もう一度、初動対応に戻ってやり直す必要があります。

また、悪意ある顧客に対しては、徹底して初動対応を繰り返すしかない場合があります。自社に瑕疵があるのかないのかをすぐに決めつけずに、「教えてください」と言い続けることが重要になる場合がありますが、そのときには、エビデンス（根拠）を要求することも忘れないようにしてください。

例えば、異物混入であればその異物を、身体クレームであれば診断書などを、そして、購入した根拠となる送付状や納品書などをいただくことが必要です。

よくある相談の中に、他人からもらった商品に対してクレームを言ってくるケースもあります。そうしたことも、初動対応を繰り返す中で見抜く必要があるので、とても根気のいる作業になります。

そのためにも、前述した「6W3H」（82ページ）を参考にしてください。

モンスターを育てるのは担当者である

【事例】 余計な一言でお客さまの態度が急変した

通信販売のコールセンターの新人オペレーターの話です。この事業者には、商品の販売当初から買い続けてくださっているお客さま（中年女性）がいるのですが、最近、会社の方針を伝えたところ、その人が激高し、以来、激しく罵《ののし》られ続けています。「辛いので辞めたい」と言うのです。

これまでさまざまな相談を受けてきて、私が意外に多いと感じるのが、**担当者自身がモンスタークレーマーを育ててしまっている**ケースです。

そのきっかけはさまざまで、たらい回しにしたとか、余計な一言を言ってしまったとか、若い担当者が過去の経緯を知らずに創業以来の付き合いのあるお客さまに事務的に対応した――といったこと。優良な顧客をモンスターに変えてしまう、配慮に欠けたうかつな一言、あるいは行動があるのです。

この事例では、もうずっと買ってくださっているお客さまから、かなり汚い言葉で詰め寄られているというものですが、メールのやり取りを出力してもらいチェックしたところ、顧客側の立場から見ると「余計なおせっかいだ」と反発したくなる、カチンとくる文言がオペレーター側から出てきました。

怒っている優良な顧客をモンスタークレーマー扱いしたことで、さらに怒らせてしまう――という悪循環に陥り、本当にモンスター化してしまったのです。

また、別のクライアント先の話ですが、ある日、企業の担当者（女性）を訪ねると、「今日も朝から2名のお客さまから叱咤され、凹んでいる」と、2時間ばかり泣かれてしまい、打ち合わせにならなかったことがありました。

詳しく話を聴いてみると、彼女には顧客から怒られる理由が見当たりません。単純に、自信なさげの態度が相手を怒らせているのだろうと私は感じました。そのため、「自信がなくても、「とにかくもう少し大きい声で電話に出ようよ」という話をしたところ、その後、「クレームがなくなりました」との報告を受けましたが、そうではないのです。クレームがなくなったのではなく、怒られることがなくなったのです。オペレーターの自信のなさが相手の不安を煽り、それが厳しい叱咤につながっていたのです。

電話であっても自信のなさは顧客に通じるので、声のトーンなどは、しっかり自己点検を行えるようにすることが大切です。その場合は、自己点検シートをつくり、部内で定期的に見直すのもいいでしょう。

苦情・クレームをする人を悪く言うばかりではなく、**事業者側、オペレーター側の不手際、配慮のなさ、あるいは、自信のなさなどによって、良いお客さまをモンスタークレーマーに変えてしまっているケースがあることも、忘れてはいけないのです。**

第4章

顧客の声を分析して業績を上げる

よく「お客さまの声を聴くことが大事」と言われますが、数値評価では「声」は出ません。そして、お客さまの本質を知るには、声を正しく採ること、声を出してもらえる環境を創ること、正しく分析することが必要です。

優良な顧客の「ネガティブな声」を経営に生かす

【事例】「家庭用のパン焼き器の音がうるさい」というクレーム

ある家電メーカーの有名な話ですが、パン焼き器が全然売れなかったときに、その事業者の社員がｗｅｂの書き込みを調べていたら、「夜中にパン焼き器を使うと隣近所にうるさいし、自分たちも寝られない。使えない」というレビューを見つけました。

その事業者は、それを見て、「なるほど、消費者は夜中に焼いておいて朝に食べるのか！」と気づき、消音タイプの製品を改めて開発したうえで、「朝起きたときには焼きたての美味しいパンが食べられます」と宣伝したら飛ぶように売れたそうです。

これは、少数意見への取り組み方への良い事例となります。

ここまでは、ごく少数の悪意ある顧客を見抜き、彼らの不当な要求にどう対処するかという話を述べてきました。第4章では、ここで紹介した事例のように、全体の99・9%を占める優良な顧客の声を傾聴し、分析し、業績アップにつなげる方法について考えていきましょう。

最近では、「お客さまの声を聴かないといけない」「VOC（voice of customer）が大事だ」と言われ、ほとんどの事業者がお客さまの声を収集しているようです。

しかし、それを正しく活用できているかというと、非常に心許ないのが実情です。

例えば、「お客さまの声」という以上、単なる数値評価では本当の声は出ない。

まずは、**正しく採ることをしなければいけません。**方法が間違っているために、回答者が忖度《そんたく》したり、偏向している声をいくら集めても判断を間違えるだけだからです。

次に、**サイレントクレーマーたちにも声を出してもらえる環境を創らなければいけません。**特に日本人の多くは、商品やサービスに不満があったときに、文句も言わず、黙って去っていくからです。

そして、**正しい方法で声なき声を集めた後は、正しく分析していく必要がありま**

す。

実際、世の中でV字回復を遂げている事業者などの記事を見る限り、その多くは顧客や現場の声を、経営者がしっかり聴いているという共通点があります。

◉顧客の声を上手に活用してV字回復を遂げた「はとバス」の事例

以前、私が読んで感銘を受けた本に、株式会社はとバス元社長の宮端清次《みやばたきよつぐ》氏が執筆された『はとバスをV字回復させた社長の習慣』（祥伝社）があります。この社長さんは、顧客からの声をとても上手に集め、活用されていました。

素晴らしい取り組みでしたので、少し紹介させていただきたいのですが、はとバスがV字回復した要因の一つに、顧客のアンケートの工夫がありました。

宮端さんは、こう記しています。

《お客さまの不満や苦情は宝の山》《お客さまが、労力を払ってまで不満・苦情を届けてくださるのは、はとバスに対して愛情や関心を持っておられるからに他なりません。不満や苦情は、お客さまからのラブレターなのです》

この前提に立って、はとバスはこんな工夫をしました。

例えば、はとバスに乗ると、運転手の横にアンケートのハガキが置いてあるのですが、このハガキには社長の確認印を押す欄が用意されています。これが社長に直接届くことをアピールするためです。

また、月に一度、ハガキチェック会議を開催して、改善策を検討し、すぐに実行・報告させたほか、同社に原因があって顧客に迷惑をかけたケースでは、社長自らが直筆の手紙を送りました。しかも、市販の便せんと封筒を使い、自宅の住所まで書いて送ったと言います。

そこまでやっていたら、5通のうち1通くらいの割合で返事の手紙が戻ってきたそうですが、なかなかできることではありません。

そこまでせずとも、専門家の私から見ても、顧客対応の参考になる話が詰まっている本ですので、ぜひご一読されることをお勧めします。

◉ネガティブな声とポジティブな声を仕分ける

顧客の声は、大きく分けるとポジティブな声とネガティブな声があり、まず、この二つの声に仕分けできることが大切です。

先ほどのはとバスの例では、お客さまの声は「自由記述回答」になっていたのですが、その声を集めて一番初めに行ったのが「ネガとポジ」に仕分けることでした。

6000通くらい返ってきて、そのうちの3分の2くらいが「ポジティブ」、3分の1くらいが「ネガティブ」だったようで、ポジティブなほうに関しては社員表彰などで社員に還元し、反対に、ネガティブなほうについてはそれをプロジェクトにして改善したそうです。

こうしたネガ・ポジの仕分けは、ネガティブワードとポジティブワードの単語を拾い、個数を数えます。単純な作業ですが、人が行うのが正確で一番効果があります。

ただし、実際にはこの作業が困難を極めるのです。

システマチックに抽出された単語を辞書に登録し、この言葉が出ればポジティブ、この言葉が出ればネガティブと自動的に振り分ければいいではないか？　そう思われた方もいらっしゃるかもしれませんが、そう簡単な話ではないのです。

なぜなら日本語は、同じ単語でもネガ・ポジが逆転する場合が頻繁に発生する言語だからです。例えば、「いいよ」という言葉は、YESでもNOでも使われることがあります。よく聴かないと、どちらの意味かわかりません。

係り受けによって逆転する場合もあります。例えば、「死ぬ」という言葉は、死を意味してネガティブなキーワードとなりますが、「死ぬほど好き」となればポジティブな意味になります。

また、「ブサ可愛い」という言葉は、「愛くるしいギャップ」があるようなときに使われますが、本来の「ブサ」はネガティブな意味の言葉です。

このように、人間の言葉を分析するのはなかなか大変なのです。

顧客の声の調査では、まず分析担当者同士の理解が必要

ネガ・ポジの声は、商品・サービス、顧客対応、ｗｅｂサイトの表記などさまざまなルートで届きます。

ただし、ネガとポジとでは、届き方がちょっと違います。

ポジティブな声の場合、レビューやアンケートハガキの自由記述回答に記載される「感謝」や「高評価」という言葉に比較的多く現れます。

残念ながら、感謝している内容だけを伝えるために、わざわざ電話をしてくる顧客はいません。注文の電話を取ったときに、いつものサービスや商品について一言ほめられたり、感謝されたら、とてもうれしいことでしょう（もっとも、仮に長々と電話で感謝を述べられても、他の業務の時間がなくなり、迷惑に感じてしまうでしょうが……）。

一方、ネガティブな声は、あらゆるルートから届きます。

ちなみに、ネガティブな声の中には、問い合わせや要望も入ります。「○○してくれないか?」という要望は、「○○できないで困っている」という思いがその根底にあります。問い合わせも同様です。そのため、ネガ・ポジで考える場合は、ネガに分類します。

重要なのは、先ほどの宮端さんも書かれているように、ネガティブな声をどう扱うかです。ネガティブな声の中にも、さまざまな声が混ざっています。そのため、再度詳細な仕分け作業を行います。

以前、私は、ネガティブな声の調査を行うために、毎月50件程度の顧客の声を仕分けていた時期があります。

例えば、ある通信販売事業者の場合には、

1 自社瑕疵責任の有無
2 顧客の動機
3 カテゴリー
4 キーワード

などに分類して整理していました。

図表10　顧客の声の仕分け方

1 自社の瑕疵については、下記の3分類になります。

ア）瑕疵がある　　イ）瑕疵がない

ウ）瑕疵はないが提言される理由がある

2 顧客からの動機には、下記の4分類もしくは5分類があります。

ア）事実を伝える　　イ）意見を言う

ウ）不満を伝える　　エ）要求する

その他、オ）問い合わせ（質問）するを、加えることも有効です。

3 カテゴリーとしては、7分類があります。1つの内容に複数の事象があることも考えられます。

ア）商品（サービス）に関すること：メインの商材

イ）サービスに関すること：付帯するサービス、配送・ノベルティ・返品

ウ）接客に関すること：オペレーターの対応など

エ）情報に関すること：webサイトやパンフレットなどの表記、説明書き

オ）金銭・決済に関すること：お金に関すること

カ）システムに関すること：システムや仕組み

キ）法律に関すること：景表法・薬事法・個人情報保護法など、消費者関連法

4 キーワードは、それぞれの会社によって分析するための言葉を選択します。

より具体的な分類は、図表10の通りです。

これらの仕分けを行い、内容を分析していたのですが、クライアント企業の担当者と私の出す答えが一致することは、一向にありませんでした。この手法で、別の担当者とやっても結果は同じでした。私の答えとは一致しません。

しかし、話し合いをするうちに、「あなたはなぜこの分類をしたのか？」と、相手の考え方を聞くことで、問題が解決することに気がつきました。顧客の声の前に、一緒に分析をする担当者の考え方をまず理解することが大事だとわかったのは、とても貴重な経験でした。

つまり、ネガティブな声の分析は、担当者の受け方によってさまざまに変わっていくのです。

皆さんも、**顧客のネガティブな声を分析するときには、担当者同士がお互いを理解するための作業を用意する**ようにしてください。

ネガティブな声をウィークポイントの改善につなげる

【事例】「味が不味い！」というクレーム

店舗とネットショップで自然食材を加工して販売するA社で起きた事例です。

A社が販売する加工食品がテレビ番組で紹介されたところ、一気に大量の注文が殺到し、通常販売する分の在庫がなくなってしまいました。しかし、同社では熟成された自然食材を使用していることから、すぐには不足分を補うことができません。そのため、熟成期間が少しだけ短いものを出荷することにしました。それでも明らかに味が落ちることはないという判断でした。ところが、販売直後から、消費者からは「味が不味い！」などの苦情・クレームが寄せられました。

さて、このケース。A社では、在庫不足から熟成期間が少し短いものも出荷せざるを得なかった事情もあり、「味が不味い」という苦情・クレームが入ると、何はともあれ謝罪をして、商品を交換していました。

しかし、私がコンサルに入ってからは、その対応を変え、ネガティブな声を分析するために、「味がどう不味いのか？」を徹底的にヒアリングするようにお願いしました。

例えば、「苦い」とか「硬い」「風味が落ちている」といったことのほか、「いつ食べたのか？」「誰がどのような状況で食べたのか？」といったことも詳細に教えていただくのです。

その返答によって対処法は変わってきますし、向こうが悪いのかこちらが悪いのか、そして、こちらが悪いのならその改善点もハッキリするからです。

そうしたヒアリングでわかったことは、やはり熟成期間の長短により、商品ごとに品質にバラツキがあることでした。さらに、それを突き詰めていったところ、商品パッケージで謳《うた》っている原材料の品種とは異なるものが使われていたケースも一部ありました。

その一方で、丁寧にヒアリングすることにより、正当なクレームの中におかしな声が混ざっていることも判明しました。

というのも、これまで何度も商品を購入されているお客さまであれば、「以前の味に比べて品質が落ちている」という苦情・クレームは当然起こり得ます。しかし、クレームの中には、「知人からプレゼントされたものを粗末に扱い、保存状態が悪かったものを食べた」というケースもあったのです。

こうした結果を受けて、A社では、一旦販売量を最低限まで落とし、食材の確保を行ったうえで再起を図ることとしました。あわせて、そのときに受けた苦情・クレームを事象ごとに分類・分析し、対応策を実行したことで、次のような改善結果を得ることができたのです。

◎経営者の頭の中だけにあったノウハウを一覧にし、社内で共有できるようになった。
◎一見すると同じように思える苦情・クレームであっても、原因が何通りも存在することがわかり、それぞれの対処方法を具体的なマニュアルにまとめることができた。
◎研修、訓練、事例研究などを行うことで、社員のレベルアップを図ることができた。
◎担当者が、自信を持って顧客対応を行うことで、ブランドの維持・損失の回避と、優良な顧客との信頼関係を構築することができた。

特に、この一件でつくることができたマニュアルは、生きた声から生まれた社内規定となり、とても有益なものとなっています。

コラム

テキストマイニングで得られる顧客の声は「宝の山」

私の友人で、テキストマイニングについて研究し、「宿泊レビュー分析による特徴情報の抽出に関する研究」という論文を書いた辻井康一さんという人がいます。大手旅行会社に勤めている人なのですが、辻井さんは、『じゃらん』という旅行サイトに寄せられる宿泊施設の感想や評価を詳細に分析しました。

一般的には、自社の改善点を見つけるときには、数値評価を基にして考えていきますが、日本人は5段階評価のうち4と5に集中してしまうことや、注目する項目に関係なく、まんべんなく【総合、部屋、風呂、料理、清潔感】といったことを採点してしまうので、数値評価からは具体的な特徴が見つけづらいということがあります。

そこで辻井さんは、レビューの感想コメントを部屋や風呂、料理などの項目別に取り出して、それをネガ・ポジ、肯定・否定に分け、ビジネスエリアとレジャーエリアではどんな違いが出るかといったことを研究しました。

例えば、テキストマイニングでは、「お風呂」「バス」「風呂場」「浴室」「浴場」といった言葉は全て【風呂】に関する類義語として辞書をつくります。そういった辞書づくりをしつつ、本文でも記したように、ポジティブな言葉とネガティブな言葉を見つけて評価していくのです。

すると、抽出した言葉の数量から、ビジネスエリアとレジャーエリアでは、それぞれのお客さまは宿泊施設のどの項目に注目しているかがわかります。また、言葉の内容からは、二つのエリアでのポジティブとネガティブの評価が付きやすさの違いもわかります。

ごく初歩的なところだけ説明しましたが、このようにテキストマイニングを使うと、お客さまの声から、より正確な改善ポイントを見つけていくことができるというわけです。

お客さまの声をきちんと効果的に聴くことができている事業者はまだまだ少なく、また、テキストマイニングも扱い方が難しいのですが、上手に使いこなせば宝の山を見つけたのと同じです。

ご興味のある方は、テキストマイニングの導入方法について、ぜひ調べてみてください。

顧客の「本当の声（VOC）」を収集し活用する

【事例】「回数券をつくってほしい」という顧客からの要望

あるコーヒーショップの話です。

とても高価なコーヒーを入れることで人気があり、常連客も多いお店でした。代表者の方は、顧客のことを大切に考え、いつも顧客の声を拾おうとされていたそうです。従業員にも顧客の声をアンケートとしてしっかり記載してもらうように、徹底した教育をされていました。

そんな中、アンケートの中に、「回数券を発行して、一杯あたりの値段を下げてほしい。そうすれば、毎日でも来る」というコメントがありました。そうした声がほかにも多くあったため、実際に回数券を発行することにしたのですが、このお店は閉店してしまいました。

この事例の場合、後からわかったのですが、店員さんがアンケートを書いてもらっていたのはいつも常連客ばかりだったということです。

実は、ほかのお客さまたちの間では、「店に行きたいけれど常連さんしかいないので入りづらい」との声が多かったのです。結局、いつも来ている常連客の値段を下げることになり、単に収益が下がっただけでなく、新規顧客を遠ざける結果となって、お店が潰れてしまったのでした。

いくら顧客の声に耳を傾けたからといって、歪んだ声を傾聴しても仕方ありません。

歪んだ声で多いのは、例えば、相手に対して忖度した声です。5段階評価のアンケートを頼まれたとき、特に日本人の場合は4と5に集中する傾向があります。あまり悪い評価をしたがらないのが原因と言われます。

ほかにも、アンケートの声が歪んでしまう理由としては、次の五つが思い浮かびます。

①ポイント欲しさのアンケート（オファー欲しさの忖度された声）

②アンケートを作成する担当者の誘導による偏向
③顧客がアンケート作成者の期待を読み取る
④数値評価によるアンケート
⑤偏った人から収集する

これらの事例では、忖度をした声を集めてしまう、あるいは、評価する担当者の思い通りの回答を得ることになり、せっかくのアンケートが意味をなしません。

忖度した声に対していくら優秀な分析をしたとしても、有益な結果は出ないのです。

◉サイレントクレーマーの声を聴くには《社長が直接受ける》

苦情・クレームには、「サイレントクレーマー」という言葉があります。

前にも述べたように、サイレントクレーマーとは、不平・不満があり、文句を言いたいけれど、言わずに買わなくなる顧客のことです。既に記しましたが、「顧客の最大の権利は、買わない権利」と言われています。**黙って去っていく顧客が、本当は一番重要な**

メッセージを持っているのです。

お客さまがサイレントクレーマーになる理由には、《言っても改善されない、どこに伝えたらいいのかわからない、言ったら仕返しされるのが怖い》といったことが主な理由だそうです。

また、先ほどのはとバスの例にもありましたが、お客さまの心理として、せっかく書いた自分のアンケートが会社のどこにまで直接届くのかということが、モチベーションを大きく左右するのでしょう。

不満を持っている顧客は素早い対応・改善を期待しているわけですから、若手の担当者しか読まないのと、社長が直接見るのとでは、書く意欲がまるで違ってきます。

そこで私は、ある通信販売事業者協力のもと、4000枚の「自由記述回答」のアンケートハガキを用意し、2000枚ずつ2種類に分けました。

一つは、通常の担当窓口宛て。もう一つは、代表取締役宛てに直接届くもの。これらをランダムに商品に同梱してもらいました。

その結果、代表取締役宛てのほうが、通常の担当窓口宛てよりも、ちょうど2倍の数量が返信されたのです。

図表11　お客さま満足（CS）向上への取り組み実態調査

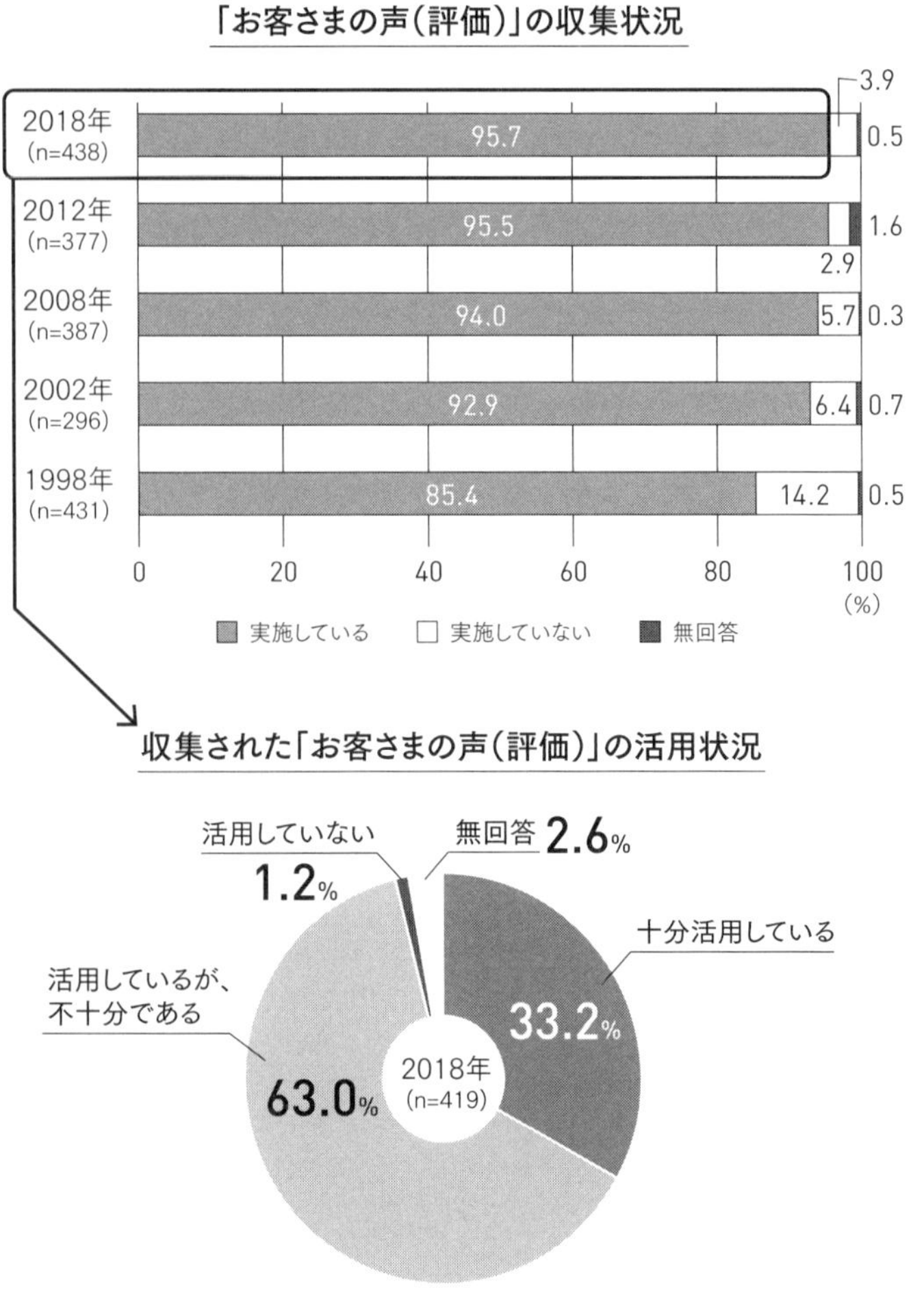

日本能率協会総合研究所より

また、記載内容にも違いがありました。

返信数量は倍ですが、単なる《不平不満と好評（感謝など）の声》は、二つとも同じ数量でした。ところが、企業が最も欲しがる《質問・要望などの声》は、代表取締役宛てのほうが6倍弱多くの返信がありました。

代表取締役への声の中には、会社を好転させるための良い声が明らかに通常より多く収集されることが実証されたのです。

さらに、アンケート記入者に対し、「お客さまのお声は代表者に直接届き、読んでいます」とのメッセージが返されれば、サイレントクレーマーになる確率はもっと減ります。そして、「この会社のアンケートは代表取締役に届き、改善してもらえる」という評判が広まれば、他のサイレントクレーマー予備軍からの声も聴けるようになるため、一層の改善ができるわけです。

◉顧客の要望を聴くだけではなく理解を求めることも重要

では、どんなことでも顧客の声を聴き、ストレートに改善すればいいかというと、そうではありません。

先ほどのコーヒーショップの事例では、顧客の声をそのまま改善したら経営破綻してしまいました。

しかし、それは、何も担当者が常連客の偏った意見を収集したからだけではありません。

コーヒーショップの顧客の声には「値段を下げてほしい」というキーワードが入っていました。どこの事業者のアンケートにも同様の声があります。

そこで安易に値下げをしてはいけないのです。

顧客の声に対しては、その本質を理解し、必要な改善をすることが必要です。

なぜなら、たとえ値段を下げた後にも、「値段を下げてほしい」という要望は来るからです。いわばデフレ思考の要求がエスカレートする構図にはまり込んでいくのです。

皆さんもご存知のように、商品・サービスには、製造原価・人件費などのコストがかかります。企業であれば、収益を確保しなければならず。利益を無視して慈善事業を続けていると、いずれその会社はなくなってしまいます。

では、どうすればいいのか？

もし、事業者が収益を取り過ぎていないというのであれば、値引きを要望する声は、そのお客さまの《価値への認識が少ないだけ》ということになります。

その際は、安易な値引き、安易なオファーなどはせず、「なぜこれがこの値段なのか」を明確にする必要があります。それでもなお値引きしか方法がないのであれば、その商品価値が、会社が考えた価値とは相違するということでしょう。ならば、新たな商品価値を改善するか、他の商品を開発するしかありません。

また、顧客が出した声の本質を捉えるということは、顧客が困っている内容に対して感度をよくすること、そして、徹底的に代替案を考えるということです。

少数意見の中に、解決策や商品開発・サービス向上のヒントが眠っていることもあります。せっかくいただいた声です。顧客の心の声をよく聴くようにしましょう。

「顧客の四つの声」の実践的活用法

さて、ここまでの内容を踏まえて、顧客の声を四つに分類したうえで、それぞれの効果的な活用方法をまとめておきましょう。

四つの声とは、①苦情・クレーム（不平・不満・要求など）、②要望・質問、③感謝・応援、④悪意のある声――です。

①苦情・クレーム

苦情・クレームとは、商品やサービス、オペレーターの顧客対応などの不満や不公平に対して、改善を要求する行為であったり、ケガや被害を受けたことに対し、代償や補償を要求したりする行為になります。

自社に瑕疵があれば、当然ながら対応すべき項目です。顧客の勘違いであれば、どのようにすれば勘違いがなくなるか、考える基になります。そのため、苦情・クレームの声を収集し、集計することだけでさまざまな活用方法が出てきます。

まず、自社の苦情・クレーム対応マニュアルが作成できます。

マニュアルにまとめることで、自社ではまだ気づいていないウィークポイントが浮き彫りになることがあります。まだ起こっていない苦情・クレームを想定し、事前に対応する、もしくは発生したときに早めに行動するなどの策を練ります。

次に、社内勉強会・研修に利用します。

担当者を集めて、苦情・クレームの事例を用いて、読み合わせ、中身の理解をしていくワークをお勧めしています。これは、担当者同士の相互理解を行うもので、とても大切なワークです。

例えば、商品を販売するうえで、商品コンセプトやブランディングにもつながっていきます。「うちは苦情・クレームがないから大丈夫」などとおっしゃる経営者の方もいますが、それはサイレントクレーマーの存在を軽く考えすぎていると思いますし、もしかすると、お客さまの声が届きにくい雰囲気や仕組みになっているだけかも知れません。

苦情・クレームは、少なくなったから良い、多いから悪いということではなく、苦情・

クレームが1件でもあれば、それを真摯に受け止めて、改善を図る体制をつくることが大切だと思います。

②要望・質問

要望や質問は、商品やサービスの改善、webの説明の変更などにおいて、自社にとって最も参考になる情報です。その情報は、新しい商品づくりやサービスの展開のためのヒントが盛り込まれています。

ただし、要望・質問は、理由もなく、そのまま改善せず放っておけば、苦情・クレームにつながることもあります。

とはいえ、間違えてならないのは、「価格を下げてほしい」とか、「価格が下がれば継続したい」といった要望への対応です。

もし、十分に検討したうえで価格設定を行っており、ある程度の販売実績があるならば、その要望は、商品の価値を理解していない方からの無謀な要望ということになります。

もし、それに応えて価格を下げたとして、獲得している収益を十二分に超えるだけの効果がなければ逆効果です。価格を下げる行為は、自社の商品やサービスの価値を放棄したことと同じになるのです。

コーヒーショップの事例でも紹介したように、経営自体が成り立たなくなっては本末転倒です。要望・質問には真摯に対応しながらも、商品やサービスの価値が顧客に理解されていない場合は、しっかりと訴求するようにしてください。

③感謝・応援

感謝や応援の声は、経営者や従業員のモチベーションを上げるのには最適な言葉です。

社会的意義を感じ、自社に愛着心があれば、「頑張ろう!」という気持ちになるので、従業員満足を生むためには、とても大切なのです。

これは巡り巡って、顧客満足につながることにもなり、事業者がますます繁栄していくための糧となります。

そのため、この声は意図的に、みんなで共有してください。

この感謝や応援を生んだことにつながる行為やアイデアを考えた従業員がいる場合は、

迷わず表彰するなど、わかりやすく称えてください。

また、感謝や応援の声は、プロモーション時に「お客さまの声」として利用することが多くあります。

新規顧客獲得のために、感謝や応援の声を掲載することで、新規のお客さまの背中を押すことになるからです。

ただし、気をつけなければならないのは、「お客さまの声」を採る方法です。

ポイントの付与や値引きのオファーをすれば、アンケートはかなりの数が集まりますが、《感謝・応援、要望・質問》などの声は、本来は、顧客から自発的に出てきたものが価値のあるものだと思います。

これらの声をプロモーションに活用することは決して悪くはないのですが、自発的に出てくる声が全くないのは考えものです。ポイントや値引きなどのオファー欲しさに出された顧客の声には忖度が入るため、そこには偏向した考えが入っているものと思われるからです。

新規獲得のための「お客さまの声」としては十分価値があるとは思いますが、それは《自社に対する本当の評価》ではありません。顧客の本音を聞き出すための仕掛け・仕組みなどをしっかり考えることが必要です。

④悪意のある声

悪意のある声とは、いわれのない誹謗中傷のことです。

身に覚えのない苦情・クレームなど、全くもって根拠のない苦情・クレームであって、これらは一部の人間だけの閲覧に止《とど》め、正直、従業員には見せるべきではないと思います。

逆に言えば、これらは人間の持つ最も汚い部分になります。

残念ながら、ニュースやｗｅｂの記事には、この手のものがたくさん紹介されています。

例えば、「商品が爆発した」とクレームを言って、返品してきたものは未開封の商品だった――という話などは、単に事業者にネガティブなことを放り込み、弱らせることだけが目的です。これら悪意のある声は、弁護士や警察など、専門機関に任せましょう。

自分たちは、優良な顧客のことを思い浮かべて、負けずに前に進むことが大切です。

コラム

従業員満足を上げれば顧客満足は上がる

お客さまの声を聴くことに関して大事なことを補足しておけば、私は、悪意ある顧客を批判するというよりも、従業員のほうを守るために本書を書いています。顧客満足を例に話を進めると、お客さまに満足や感動が発生するのはどういうときでしょうか。それは《自分が期待していた数値よりも上をいく対応をされたとき》です。

ということは、既に素晴らしい対応をしている事業者は、さらにその上を行かないと満足してもらえないということになります。最低でも今のレベルを維持しなければいけないわけですから、なかなか大変です。

それと反対に、現在は、一番下のハードルの低いところにいる場合には、どうでしょうか。今よりも少しでも良い対応をすればお客さまは満足するわけですから、簡単です。

つまり、顧客満足は、どんな事業者でもできるはずなのです。

そこで一つ注意すべきは、上げるのは《自分たちが考えた現在のレベル》ではなく、《顧客が判断した現在のレベル》だということです。顧客が今の自分たちをどう評価しているかを正しく理解し、それよりも一つでも対応を良くすることが必要です。

だからこそ、顧客の声を採りましょうという話になるのですが、そこでもう一つ忘れてはいけないのは、《顧客満足は従業員満足から生まれる》ということです。

顧客を満足させるのは従業員なのだから、従業員が満足していないところに顧客の満足など生まれるわけがない――というわけです。

私も、こうした考え方には非常に共感しています。従業員のほうをまず満足させて、不安がなく、やりがいのある環境を創ってあげることが一番です。

なぜなら、自然発生的に生まれない顧客満足など、いつか、簡単に化けの皮が剥がれます。ということで、この苦情・クレームの対処というのは、最終的には従業員の満足に落ち着いていきます。

従業員が苦情・クレームに対して真摯に向き合っていること、かつ、本当に悪い顧客はごくごく一部だという事実を認識してもらうことができていれば、事業者は正しい方向へ進んでいきます。

本書の一番初めでご紹介した事例のように、事業者の対応いかんによっては、苦情・クレームを訴えてきたお客さまと、むしろ以前よりも強い信頼や信用でつながることができるのです。

第5章

全社員一丸での
リスクマネジメント体制をつくる

リスクマネジメントを導入すると経営は改善します。ただし、どんなに優秀な社員でも「知らない手口」には上手く対応できません。だからこそ、具体的なリスクについて社内で話し合い、専門家と連携し、他社とも情報共有をしていくことが大切なのです。

「リスク」とは何かを理解する

第5章では、社員一丸となってリスクに立ち向かうための、そして、大事な従業員を「悪意ある顧客」から守るためのリスクマネジメントについて記していきます。

通信販売、特にインターネットを介して事業を行う場合、現実の世界とは違うリスクが介在します。例えば、市場が全世界につながっていることや秘匿《ひとく》性が高いことなど、より危険な要素が数え切れないほど存在するのです。

そのため、**現在の社会は、経営者だけではなく、全ての従業員がリスクマネジメントの観点から世の中を見ることが必要になっています。**

例えば、通信販売事業者にとってのリスクとは、次のようなものです。

・顧客から、いつ、どのような苦情・クレームがあるかわからない

・モンスタークレーマーに悩まされるかも知れない
・後払い決済を導入すると、未払い率がどの程度発生するかわからない
・どの程度返品になるかわからない
・個人情報（リスト）は、いつどこから漏れるかわからない
・法律がいつ変わり、今の売り方が違法になるかわからない
・風評被害や低評価レビューがあると怖い
・そもそも、商品がどの程度売れるのかわからない
・思ってもいなかったほど、商品がヒットした　etc.

このように見てみると、「もう、商売なんてやらないほうがましだ！」と思われるかもしれません。

しかし、やらなければ収益は上がりませんし、そんなふうにリスクを怖がる人ばかりでは世の中に商品やサービスは出ていきません。

多くの人は勘違いをされているのですが、リスクとは、ごくシンプルに定義すれば【結果がどうなるかわからない】ことです。結果には、「良い・悪い」の二つのパターンがあ

るわけですから、良いほうにブレるのも実はリスクです。

リスクとは、いわば「波」のようなものです。山もあれば、谷もある。何にしても、これから収益を取るためには、その波の中に入るしかないのです。

悪いほうを意識して、「何とか最悪の状況を脱したい、回避したい」と考えるのは当然ですが、一方で、怖がりすぎてスタートに踏み切れない（機会損失）のも、リスクの怖さです。

もし、世の中に広めたい商品やサービスがあるのなら、リスクを取らざるを得ません。

そのためにも、**リスクを知り、全社員一丸となったリスクマネジメント体制をつくる**必要があるのです。

◉リスクを引き起こす源泉は、自然と人の二つしかない

リスクの源泉とは、リスクを起こす元になるものです。そして、それは二つしかないと言われています。

一つ目の源泉は、自然です。

例えば、記憶に新しいのは２０１１年に発生した東日本大震災です。いつ起こるかわか

らない、そして、どの程度の被害が出るかわからない自然リスクは、不確実性がとても大きく、我々人間にとってはマイナスしかもたらさないのが特徴です。

しかし、災害が事前に予測できれば、不確実性がなくなります。なぜなら、避難することで被害を最小限にとどめることが容易だからです。とはいえ、残念ながら自然の脅威を知ることは、まだまだ困難なことが多いようです。

二つ目のリスクの源泉は、人です。

人が行動するときにリスクは発生し、人的ミスは甚大な被害をもたらすことがあります。ただし、実際には、行動しないことによっても利益を失い、結果的にリスクをもたらすことがあります。

だからこそ、「リスクがあるから止めよう」というのではなく、「リスクマネジメントによって不確実なものを明確にして、収益を出そう」ということになるのですが、そこには問題があります。

自社でリスクマネジメントを行おうとしたときに、どんなに優秀な人や組織であっても、自分の知らないことは想定できないということです。想定できなければ対策もできません。万全な対策をしたつもりであっても、どこかに穴があり、思わぬことで足元をすくわれることが多いのです。

◉社内の人間もリスクになることを忘れない

リスクの源泉は「自然」と「人」だと言ったときに、ほとんどの方は、「悪意ある顧客」のことをイメージするようです。

しかし**「人」は、社外だけでなく社内にも存在します。**外部からの脅威に対して、内部が反応することでリスクが顕在化します。

人には感情があります。外部から必要以上の攻撃があると、人は疲弊します。疲弊するとコストがかかります。そのときにかかるコストは損失にあたります。

例えば、疲弊したオペレーターが回復するのには、時間がかかります。オペレーターによって、回復するための時間はまちまちですが、回復するまでに必要とする時間は無駄な時間になります。

もし、顧客が電話をかけたときに、回復しないまま気持ちが落ちて畏縮しているオペレーターが出たとしたら、その人から商品を買いたいとは思わないでしょう。問い合わせに連絡しているにもかかわらず、モゴモゴと自信のない声で対応されたら、逆にイライラして大声を出してしまう場合も多いのではないでしょうか。

さらにいえば、「コールセンター白書2018」によると、全体の38%のコールセンターで離職率が31%以上にもなるという異様な数字があります。

顧客からの理不尽な問い合わせに苦慮して、精神的なダメージを受けた人たちの一定数は、顧客と会社の間に挟まれ苦慮した結果、退職してしまいます。その中には、心を病んでしまうという最悪の事態も発生していることでしょう。

これはとても悲しいことですし、本来は辞める必要も病むことなどもないはずなのです。

◉会社は顧客担当部署をもっと大切にするべきである

辞めれば、本人にとっても、会社にとっても大きな損失です。

リピーターや既存顧客のほとんどは優良な顧客であり、収益のほとんどは、このリピーターや既存顧客からもたらされます。ここには貴重なノウハウが詰まっており、直接顧客の声を聴くことができる担当者は、事業を改善するための最も効果的な答えを持っている人物になるはずです。

しかしながら、現在の通信販売事業者の多くは、こうした顧客担当の部署よりも、目に見える利益を生む、新規獲得を行う部署を優遇し、持て囃《はや》す傾向にあるように思えます。

経営者の方は、今こそ、その状況を変えていきませんか？

内部の人員についても、リスクの想定範囲を広げるべきです。

顧客対応管理にしても与信管理にしても、そして、従業員管理にしても、**正しくリスクマネジメントをすれば、売上は大きく伸び、大事な社員も守ることができる**のですから。

リスクマネジメントの四つの工程

もし、リスクが存在する場合、それを克服するには、リスクマネジメントを行う必要があります。次は、簡単なリスクマネジメントの考え方を伝授します。

リスクマネジメントの工程（プロセス）は四つしかなく、基本的な考え方はここに集約されます。

①リスクの調査・確認

最も大切であり、かつ最も難しいのは、そこにリスクが存在すると認識することです。そのためには、どんなことが起こりそうか、想定されるリスクをできるだけ洗い出す必要があります。メモ書きでも一覧表でもいいので、とにかく書き出すことです。

一人の作業ではダメです。複数人で行うこと、さらに自社だけではなく、他の企業からの情報も得るようにします。

コツは、頭をフラットにすること。先入観を持たないことです。「そんなトラブルが当社で発生するわけがない」などという考えは捨ててください。起こり得ないと思うことでも、まずはリストを作成してください。とにかく考え得る限りのリスクを出し切るようにしてください。

②リスクの評価・分析

次に、①でリストアップされたものを評価します。

評価・分析といっても、初めはそれほど高度なことを考える必要はありません。売上を構成するのは、商品の額、商品の個数、商品の発注頻度になります。同じように、リスクにも【質・量・頻度】が存在します。

質というのは、1回あたりのリスクの大きさです。

当然ながら、リスクの小さいものと大きいものを一緒にしてはいけません。例えば、被害額が1000円と1000万円だったら、当然1000万円のほうから対策していきます。

次に、量というのは、総額です。例えば被害額が1万円のものが1000件あるのと、被害額が10万円のものが10件あるのとでは、前者の対策を優先します。

三つ目の頻度というのは、年に1回しか起こらないのか、週に1回起こるのかということです。

この三つを併せて考えていくと、そのリスク量を測ることができます。

そのうえで、おおよそ大中小のような3段階で評価し、《リスクが高すぎるもの》《対策を講じることでコントロールが利くもの》《そもそもリスクはあっても監視すればいいもの》などに分類していきます。

このように分類していく過程が分析になります。

③リスクに対する意思決定

②で評価・分析が終われば、次は意思決定を行います。

意思決定の選択肢は、「低減・保有・回避・移転・受容」の五つしかありません。それぞれのリスク評価・分析に合わせて、選択してください（図表12参照）。

図表12　意思決定の選択肢

意思決定の選択肢	内容	備考	対策
低減	一定のリスクがあるが、管理策を講じることで運用が可能	対策を設定し運用する	ルールづくり、利用規約、社内規定、事務フローなどに落とし込み、監査・点検を行う
保有	リスクは低く、許容範囲内として受容し監視する	リスクを監視する	監査・点検を行う
回避	リスクが高く、有効な管理策がない場合、止める	経営判断で事業を撤退する	止める時機を見極める
移転	一定のリスクがあり、ノウハウのある他社に移転させたほうが、コストが低い	保険をかける、アウトソーシングする	他人任せにせず、監査・点検は行う
受容	リスクは高いものの、経営判断で対策を見送る	いちかばちか	撤退基準を決め、収益と損失のバランスを考える

④意思決定に基づき対策を打つ

それぞれ、意思決定したもので、リスクに対する管理体制の構築が必要になります。また、回避以外では、監査・点検を行うことが必要です。

例えば、リスクを受容したとしても、損失が実際のものになれば、回避を行う必要があります。監査・点検を常にしておかなければ、撤退する時機を逸することになります。

ほかにも、いくら対策を打ったからといって形骸《けいがい》化してしまえば元も子もありませんし、また、市況や環境によってリスクも変わります。

定期的に①〜③の工程を繰り返すことをお勧めします。

リスクマネジメントでCSとESが向上する

①CS「顧客満足」

近年、ビジネスを行ううえで、CS（顧客満足）という言葉が流行っています。しかし、CS（顧客満足）活動を行おうとしても、なかなか上手くいかないことがあります。多くは、顧客をコントロールして、CS（顧客満足）を与えようとする行為です。顧客に対して、「満足したでしょ!!」との問いかけに対して、口やアンケートでは満足したと無理やり言わせても、実際には不満が募っている場合があります。自然と満足してもらうことが大切です。

顧客満足が起こるのは、さまざまな情報（口コミ、webサイトのプロモーション、キャッチコピーなど）から、顧客が抱いたイメージよりも少し上を行く商品であったり、サービスであったりした場合です。最近では、「顧客感動」という言葉が流行り出していますが、これも同じく、顧客のイメージ以上の満足度があってこそ湧いてくる感情だと思います。

②ES「従業員満足」

一方で、CS（顧客満足）に対して、ES（従業員満足）があります。

従業員満足は、例えば、今、属している会社に社会的意義を感じたり、顧客から感謝の言葉を言われたり、経営者の理念に共感したりすることが必要と言われています。

通信販売事業者などBtoCの業態を持つ企業は、ES（従業員満足）は特に必要であり、社員が気持ちよく働ける、より良い職場にすることがとても大切なのです。

なぜなら、今、行っている事業に対して不満を持っている従業員たちが、お客さまに対して大きな満足を与えられるとは思えないからです。

③リスクに強い体制づくり

実は、CS（顧客満足）とES（従業員満足）には因果関係があると言われています。

経営者や従業員が、自らコントロールできるのはES（従業員満足）のほうです。つまり、**リスクマネジメントの本質は、従業員を守ること**です。

伸びる会社は、社員を大切にする雰囲気があり、従業員が生き生きしていて、リスクに対しても前向きです。従業員が社会的意義を感じている事業は、顧客にすれば、とても感銘を受けやすいものです。そんな会社から、商品やサービスを買いたいと感じるはずです。

つまり、リスクに強い体制をつくることが、事業発展の近道になります。

ちなみに、従業員満足には指標があります。

例えば、自社の商品やサービスに社会的意義を感じるか、愛着心があるかないかなどを、覆面でチェックします。

もし、80%以上の従業員が、自社に対して「愛着心がある」と回答すれば、従業員満足は十分に行われているものと考えられます。もし仕事の意義を感じておらず、愛着心もない従業員が多ければ、顧客に対しての十分な対応はできず、顧客満足は起こるべくもないと考えていいでしょう。

顧客満足を行う場合、まず考えるべきは、従業員満足です。

効果的な社内研修の進め方

リスクコミュニケーションは、本来、「社会的なリスクを関係主体で共有すること」という意味ですが、私たちはもう少し現場に合った意味として、「通信販売事業者において、経営者・責任者・担当者がリスクについて情報共有し、共通のリスク概念を持つこと」と捉えています。

このように、**常日頃からリスクについて語り合うことは、リスクを認識することに役立ち、対策にもつながる**ため、とても良い結果が生まれます。

リスクについて定期的に勉強会を開催することも良いことですし、同業他社、異業種、研究機関・専門機関に参加したり、あるいは、私たちのようなコンサルタントからリスクを確認することも非常に重要です。

なぜなら、リスクを担う責任者や担当者は、きわめて情報が入りにくい部署にいながら、顧客と接触する最前線で指揮を執っている場合があるからです。

彼ら、彼女らは、共通の問題や共通の課題、また共通の悩みを抱えていることも多く、相互に理解して、もし良い解決方法があれば機密情報にかかわらない程度に情報共有をすべきなのです。

悪意ある顧客の事例とその対処方法などは、唯一の正解がありません。また、何度も述べているように、今まで自分が考えたことのないようなリスクには対応することが難しいので、それに立ち向かった人の話を聞くだけでも十分に価値があるのです。

私が各企業の担当者の方々を集めて開催している勉強会も、いざというときに、理解を深めたり、アドバイスを聞けたりと、とても重要な勉強会になっています。

◉勉強会・研修の実施

私が開催する研修の中で最も効果のあるものは、「苦情・クレームの理解をする」という内容のものです。

ちなみに、世の中にあるクレーム研修やクレーム対応論は、とても素晴らしいものばかりです。また、既に述べたように、クレーム研修は、大きく分けてCS系の研修と危機管理系の研修に分かれます。

前者は、「お客さまは神様」と考えるので、できる限り怒らせないように、どう対処すればよいかを学びます。一方、後者は、いわゆる顧客をクレーマーとしたときにどのようにその場を回避させるかを学ぶものです。

どちらの研修を受けても、とても学びが多いと思います。しかしながら、なかなか実戦には適さない研修が多いのも事実です。

その理由を改めて繰り返しておけば、今、目の前にいる顧客、今、対応している顧客が、優良な顧客なのか、悪意ある顧客なのかが理解できなければ、現場で使うことが難しいからです。

また、教わった内容は、どの場所でも通用する一般的で汎用性のあるひな型のような内容であることが多く、さらにそれは一方的に教わったものであって自分自身の対応力ではないので、普段対応していない人が意識してやろうとすると、おかしな方向へ行く可能性があるからです。

そうではなく、**自社に応じた考え方や対応方法を、社内勉強会や社内研修を通じて学び、身に付けるほうが効果的**だと私は考えています。急がば回れです。

◉社内研修を行う際の注意点

社内研修を行う際の注意点をいくつか挙げましょう。

①目的を明確にする

社内で勉強会や研修を行う場合に最も注意すべきことは、**目的を明確にする**ことです。

単に遊びになったり、談笑の時間になったりするような、だらだらとした研修を行うことは、時間を無駄にするだけではなく、何ら学びが得られません。

なぜ自社内で研修や勉強会を行うのかという認識を、責任者だけではなく、参加者一人ひとりがしっかり持って、無駄な時間を過ごさないようにしましょう。

②勉強会・研修を一度きりのイベントにせず継続する

中身の濃い勉強会や研修を受けると、一度で満足した気になります。しかし、「人間は忘れる動物」と言われているくらい、普通の人は直ぐにその内容を忘れます。

大事なことは、**同じことを繰り返し継続していく**ことです。同じ内容を学ぶことに抵抗を感じる人もいますが、同じことを繰り返し学ぶことで新たな発見や気づきが生まれることもあり、また、同じことを行ったとしても、自分が成長していけば、違う見方ができるようになるはずです。

参加者は常に新鮮な気持ちで参加するべきですし、一方の運営側も、毎回新しい学びを与えられるような工夫をすべきでしょう。

③顧客の理解

顧客の理解は、人によって異なります。同じ顧客に対応しても、同じチームの中でも意見が分かれる場合があります。不特定多数の顧客を対象にするビジネスの場合、その理解方法は同じでなくてはならないはずです。**顧客を理解する（判断する）ための基準を統一しておく**ことが必要です。

④社内のチームメンバーの理解

社内のチームは、さまざまな体験をしてきた人たちの集合体であり、いろいろな感性・

価値観を持った人たちがいるはずです。

そもそも社内で理解が得られないものが、顧客の理解を得られるはずはないと思います。

まずは、**社内メンバーがどういうふうに考えるかを理解する**ことから始めましょう。これには、社内勉強会・社内研修などの開催が最も効果的だと考えています。

⑤日常業務・日常生活の中に取り入れていく

日本語は主語・述語がなくても、仲間内では伝わることが多い言語です。特に仲良くなれば、「あれ、これ」だけでも、以心伝心でわかります。

しかしながら、お互いに異なる環境にいる顧客と対話する場合は、それでは全く理解できないことがあります。**常日頃から、主語・述語を入れて会話する**など、お互いに注意し合えば、いざというときにも使えるようになります。

◉起こっていないリスクは事例から学ぶ

過去に集合研修や集合セミナーなどを行った際に、私は一方的に講義するだけではなく、さまざまなワークショップを行ってきました。このときに、参加者の皆さんは同業他社、異業種の方々と話をし、**多くの事例や価値観に触れることによって、さまざまな気づきや学びを得る**ことができます。

大事なポイントの一つは、ワークショップに入る前に必ずアイスブレイク（初対面の人同士が出会うとき、緊張をときほぐすための手法）をすることです。

アイスブレイクにはある程度時間がかかりますが、時間がないときでも、必ず何かしらのアイスブレイクは行うべきだと思っています。

それがあると、本題を短い時間で話し合っても、とても有意義な時間になります。

特に、苦情・クレームを理解して対処するためには、さまざまな事例を使い、参加者同士で話し合ってみることが大切です。同じ苦情・クレームでも、見方が違えば顧客との関係性が変わります。

何度も言いますが、一番大切なことは、優良な顧客との関係性であって、そのために悪意ある顧客を見極め、それぞれに合った対処を行っていくのです。

世の中には、優良な顧客が思っている以上に多く存在します。ごく一部の悪意ある顧客のために、優良な顧客との関係を壊さないようにしてください。

第6章

決済と債権にまつわるトラブルの話

通販・eコマースに関しては、プロの詐欺師から悪意なく支払いを滞納し続ける非常識な人まで、支払いをめぐるトラブルが数多く発生します。もしご自分でeコマースをやるなら、どういうリスクがあるかわかっていなければいけません。

決済と債権管理は「悪意ある顧客」との闘い

第6章は、決済管理や債権管理の話になりますので、一般のオペレーターの方や顧客担当の方は、読み飛ばしていただいてもかまいません。

ただ、ご自分で通販・eコマースを起業しようと思われている方や、現在これらの業務にかかわっていらっしゃる方は、リスクを最小限にするための参考になると思いますので、ぜひご一読ください。

本来、私は、決済管理や債権管理が専門分野でした。

ところが、決済管理や債権管理をコンサルティングする中で、苦情・クレームの相談も多く存在していました。過去、金融会社において債権管理を担当する中で、この手の話は私に回ってくることが多くありました。そのため、矢面《やおもて》に立たされて対応することが多くあったのです。

過去には、普通なら脅迫にあたるような汚い言葉を浴びせられたり、大勢に囲まれて軟禁状態で話をさせられたりと、いろいろな経験をしてきました。

お金と顧客には、とても密接な関係があることを忘れてはいけません。

事業者は、商品・サービスを世に提供する代償として報酬を得て、活動を行っていると言えます。そのため、決済管理や債権管理は、とても重要な業務になります。

しかし、残念なことに、多くの悪意ある顧客は、お金を目当てに企業を攻撃してきます。そのため、決済管理や債権管理は、企業活動にとって重要な仕組みになります。

簡単に言えば、eコマースに関しては、プロの詐欺師から悪意なく支払いを滞納し続ける非常識な人まで、支払いをめぐるトラブルは数多くあり、もしご自分でeコマースをおやりになるのであれば、どういうリスクがあるかわかっていないと大きな損害を被ることになりますよ——ということです。

決済管理は悪意ある顧客との闘いでもあります。決済を多様化し、顧客のニーズに合わせるためには、悪意ある顧客を見抜き、優良な顧客とだけ取引を行う姿勢が大切です。

図表13　通信販売で利用される主な決済方法

決済方法	特徴
① クレジットカード決済	顧客が注文時、カード会社がクレジットカードの与信を行い、代金を立替払いする。通信販売事業者が通れば商品を送付する。
② 代金引換	顧客が注文後、配送されてきた商品と引き換えに配送会社の配達員に代金を支払う。
③ コンビニエンスストアでの支払い	前払い決済：顧客が注文後、通信販売事業者から送られてきた振込用紙もしくは代行会社からの請求番号を使用し、コンビニ店頭で支払い、通信販売事業者が入金確認後商品を送付する。
	後払い決済：顧客が注文後、商品と同梱して振込用紙が送付され、その振込用紙にて支払いする。
④ 郵便振替	前払い決済：顧客が注文後、郵便局（ゆうちょ銀行）で支払い、通信販売事業者が入金確認後商品を送付する。
	後払い決済：顧客が注文後、商品と同梱して払込用紙が送付され、その払込用紙を利用し、郵便局（ゆうちょ銀行）で支払いする。
⑤ 銀行振込	前払い決済：顧客が注文後、指定された銀行口座へ送金し、通信販売事業者が入金確認後商品を送付する。
	後払い決済：顧客が注文後、商品と同梱して請求書が送付され、指定された銀行口座へ送金して支払う。
⑥ 電子マネー	顧客が注文時に電子マネーで支払い、通信販売事業者が入金確認後商品を送付する。
⑦ その他	クレジットカードを使わず、商品を購入するたびに与信契約を結び、分割払い返済を行う個品割賦（割賦販売）や現金送金など。

図表14　主な決済方法の利用割合

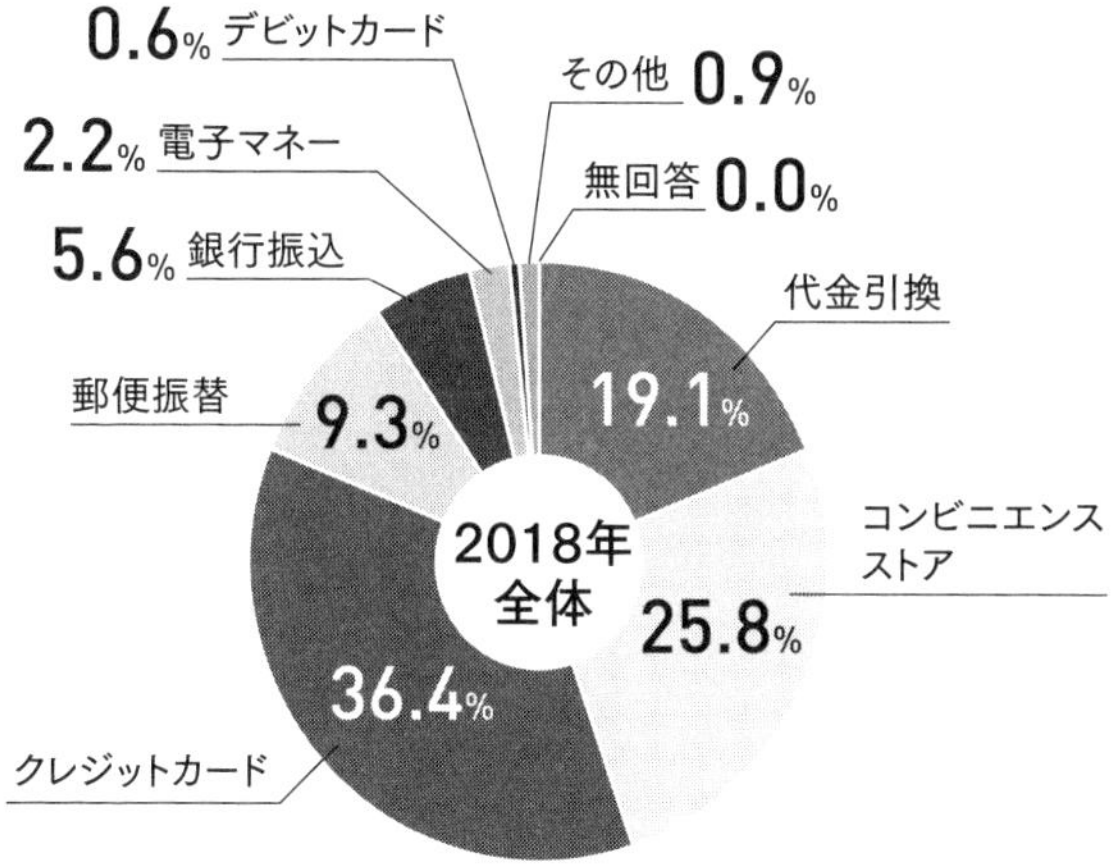

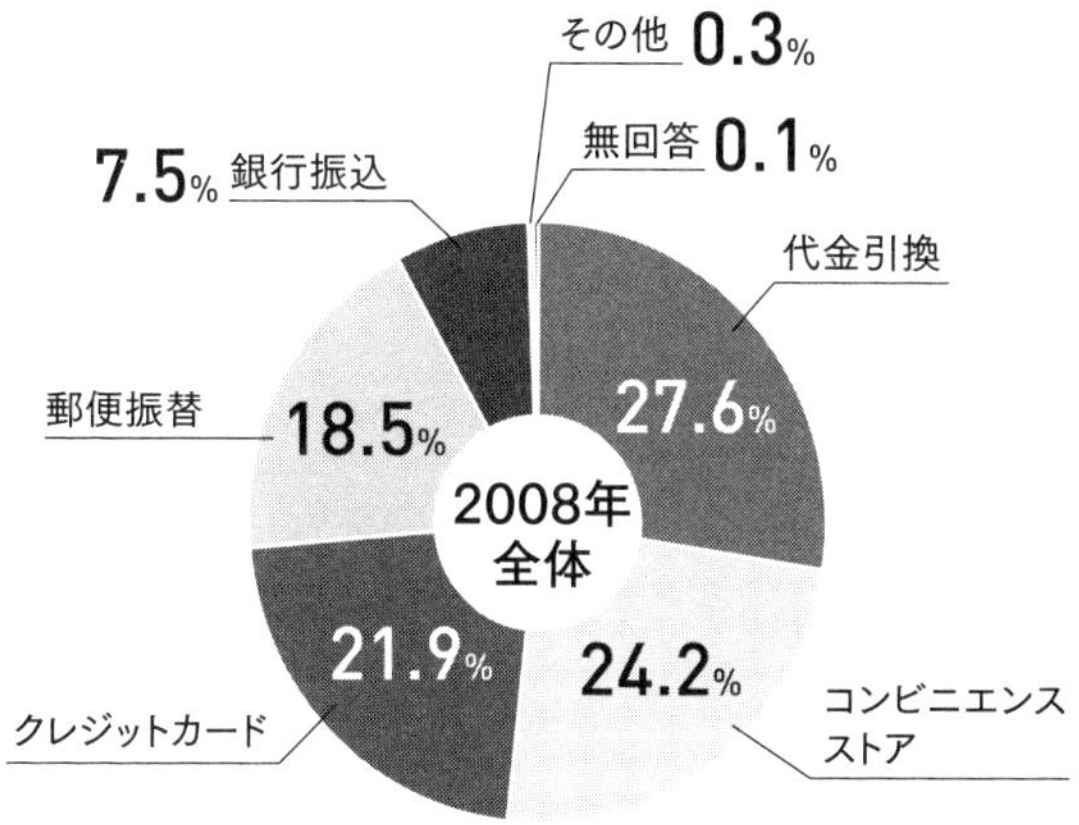

JADMA（日本通信販売協会）のアンケート資料を一部加工

通信販売で利用される主な決済方法としては、クレジットカード決済・代金引換・コンビニエンスストアでの支払いなどを中心とした、６つの主要決済方法が存在しています（図表13）。以下、その概要とリスクをご紹介していきましょう。

クレジットカード決済の概要とそのリスク

最近は、決済代行や決済業務のシステム連携などを行うペイメント・サービス・プロバイダー（PSP）が包括加盟店契約を結び、アクワイアラーの一端を担うようになっています。

これらPSPの登場によって、以前より通信販売事業者へのクレジットカード決済の提供が容易になりました。

それに伴い、インターネットやスマートホンで販売する通信販売事業者の顧客においては、特にクレジットカード決済の利用が増えています。

一方で、近年eコマースサイトのハッキングなどにより、クレジットカード情報の漏えい事故が多発しているのも事実です。

さて、クレジットカード決済の不正取引は、一般社団法人日本クレジット協会が統計資

図表15　クレジットカード決済における被害状況の推移

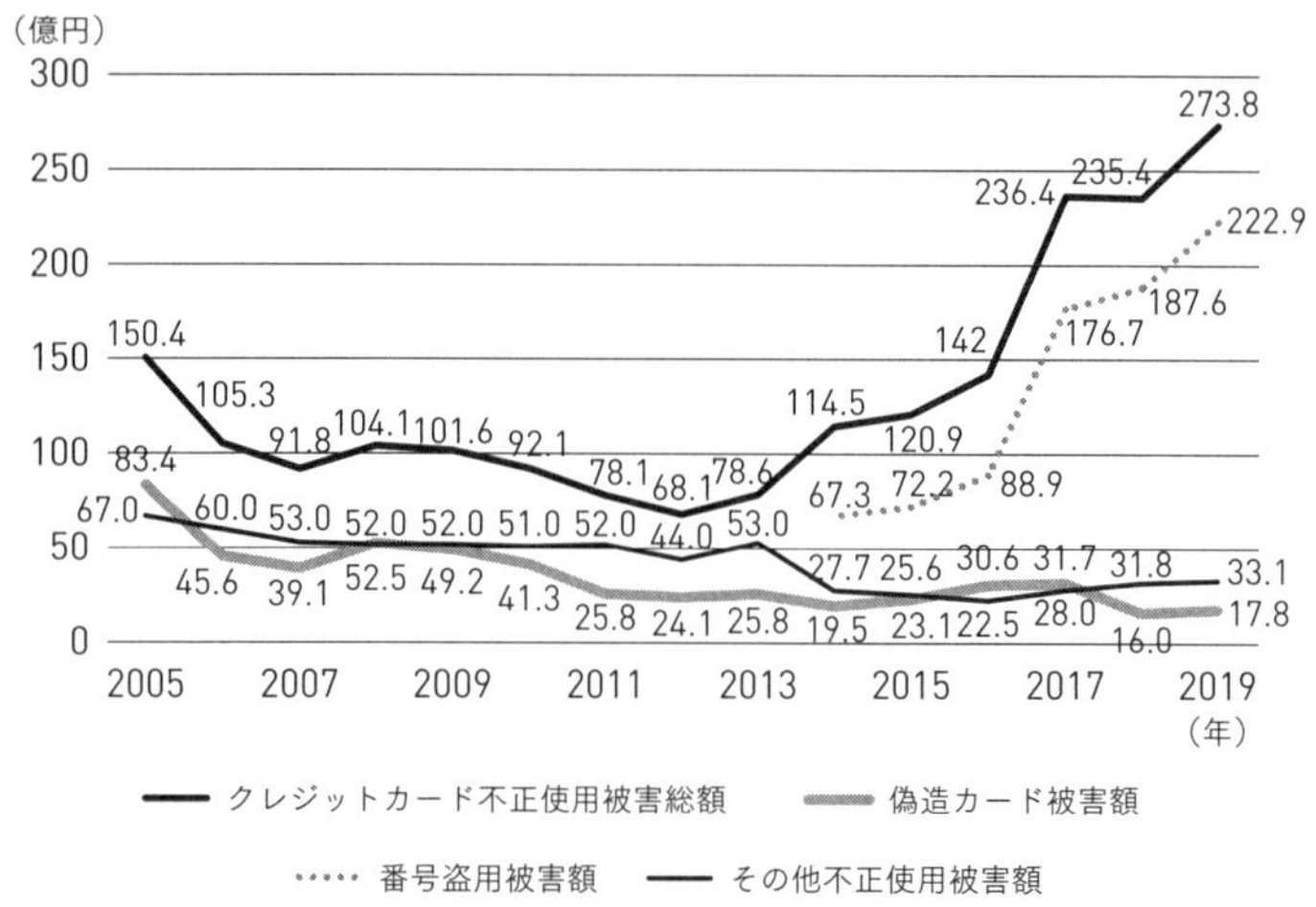

料を出しています。

図表15は、２００５年からその統計資料をグラフ化したものです。２０１４年以降番号盗用被害額が集計され、その額は増加の一途をたどっています。番号盗用被害とは、情報漏えいしたクレジットカードのことを意味しています。

しかし、この数字は、あくまでも日本国内のクレジットカード会社44社からの統計データになります。

通信販売事業者にとって、クレジットカード決済を使った取引は、オーソリ（オーソリゼーション：カード利用者の与信照会）があるため、安心できるはずでした。

しかし、クレジットカード決済には、チャージバックと言われる制度があります。チャージバックとは「戻し入れ」とも呼ばれ、カードホルダーからの依頼やクレームで、契約に不備があったと思われる取引を取り消すことです。

クレジットカード会社が不正な請求であると認めれば、既に決済された取引であっても戻し入れされることになります。

チャージバックは、理由ごとに提出できる期間が45日、120日などと定められています。ただし、実際には調査に数か月を要することがあり、かなりの期間を経過したのち、突然クレジットカード会社からチャージバックされるケースなどもあります。

海外のイシュアー（クレジットカードを発行する会社）の中には、本来のチャージバック請求をせずに、自動処理（オートチャージバック）するケースも存在すると言われています。加盟店（通信販売事業者）にとっては、クレジットカード情報を入力されただけだから知りませんでしたと言い訳することはできません。

つまり、**日頃から、不正取引（不備等も含め）に注意を払うことが必要**なのです。

チャージバックの大きな理由としては、次の図表16のようなものがあります。

図表16　チャージバックの理由

1. カードホルダーが商品を購入したものの、加盟店側が契約を履行していないと考えて、カードホルダーがチャージバックを申告するケース（商品を納品していない、加盟店の説明と大きく異なる商品が届いた、カードホルダーが受け取った商品が損傷していたなど）。

2. カードホルダーのクレジットカード番号が盗難に遭い、不正に使用されたケースでカードホルダーがチャージバックを申告するケース。

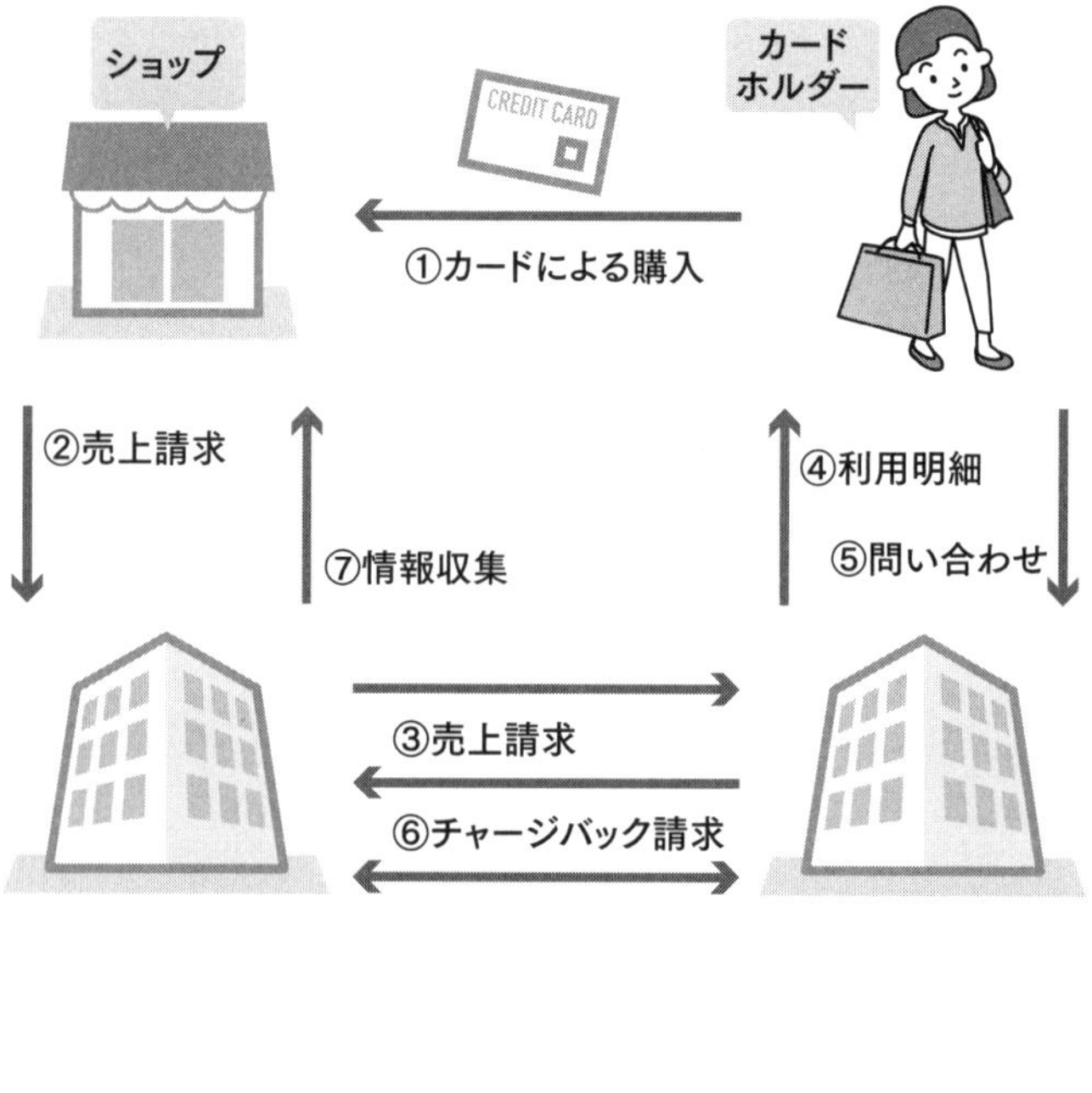

図表17　加盟店契約書の条項の事例

カード加盟店になる場合、必ず加盟店契約書に調印しなければなりません。チャージバックの条項は、各カード会社によって名称が異なりますが、「買戻特約」・「債権の買戻し」・「立替払い金の返還請求」・「カード会社による支払拒絶、留保」などの条文として記載されています。

加盟店（通信販売事業者）は、下記のいずれかに該当した場合、カード会社（イシュアー・アクワイアラー）の申し出により買い戻すことを要求されます。万が一、下記の該当項目に不備がないということになれば、加盟店はクレジットカード会社へ証明しなければならないことになっています。 主な買い戻しの項目として、下記のような内容があります。

（1）会員資格を有しない申込者およびカード会員以外の第三者がカードを利用した。

（2）会員が当該通信販売に関し利用覚えなし、金額相違等の疑義をカード会社へ申し出た。

（3）売上情報が正当でない場合、または売上情報の内容が不実、不正があった。

（4）加盟店の請求内容に誤りがあり、カード会社が会員に請求できない売上データがあった。

（5）直ちに商品またはサービス等を引渡しまたは提供していない。

（6）紛失・盗難等の理由により無効を通告されたカードによる信用販売を行った。

（7）加盟店がカード会社の承認番号を得ずに通信販売を行った。

通信販売事業者がＰＳＰと加盟店契約しているのは、非対面式といわれる加盟店契約になります。

対面式とは、店舗で顧客がその場でカードを提示し、決済する方法のことをいい、基本的に本人がクレジットカードの券面を持参していることが前提の取引になります。

一方で、非対面式は、カードシステムにカード番号や有効期限、登録上の名義、セキュリティ番号などを入力して決済を行うものです。

オーソリは、クレジットカードの有効性を確認するだけであって、そのカード情報を入力している人物が本人かどうかを確認するのは、加盟店の業務である――との立場にあります。

これは、対面・非対面ともに同じなのですが、一般的に通信販売事業者の仕組みとして、本人であるかどうかを確認する業務は行っていないのが現状です。

そのため、クレジットカード利用者が、「自分は購入していない」とイシュアーに申告すれば、調査して本人が利用したかどうかを報告する義務を負うことになります。

◉クレジットカードを使う転売ヤーのリスク

2019年度において行われていた不正事例として注目したのは、通信販売事業者の定期購入の初回購入だけを頻繁に行う転売ヤーの存在でした。

過去、このような買い方をする不正購入者は後払い決済を利用するのですが、2019年からは、クレジットカードによっても同じ購入方法を行っていることを発見しました。

現時点では、正確なことはわかっていませんが、初回の安価に設定された商品はクレジットカードを決済できるようにして、実際に支払いも行い、2回目以降が決済できないようになっているのです。

この場合、考えられるのは、デビットカードを利用して少額の決済を行い、高額なものは引き落としできないように行う。もしくは2回目以降はクレジットカードを不正なもの(事故カード)に変更し、オーソリを通らないようにする。さらには、オーソリが通ってもチャージバックになる――など、とても手の込んだことを行っているようです。

いずれにしても、不正取引の防止には、自らが受注したオーダーのチェックを行うことが今後必須となることを認識しましょう！

代金引換の概要とリスク

代金引換は、郵便局が1896年（明治29年）9月に代金引換郵便規則を制定し、同年11月に施行された代金引換小包郵便が最初とされています。

現在では、大手配送会社でも取り扱っている金融サービスとなっており、通信販売事業者から見た場合、取り込み詐欺に遭う可能性がなく、代金の回収（キャッシュフロー）も早いため、利便性が高い決済と言えます。

しかし、顧客から見た場合には、商品を受領するときに代金を持っておく必要があるなど、不便と感じる面もあり、決済シェアの割合は減少しています。

2019年10月28日付の産経新聞にて、「気が変わった、お金ない…『代引き』で受け取り拒否のトラブル相次ぐ　サービス中止の企業も」——というニュースが掲載されました。

記事の内容は、代金引換を利用して大量に購入した顧客が、受け取り拒否をするというもので、ある食品の通信販売を行っている会社が、月40件程度の受け取り拒否が発生しているとの内容でした。

今の通信販売で、特にインターネットで販売している商品は、受注から発送まできわめて短いスパンで運用されています。

その中で、「気が変わった」という人がごく稀《まれ》にいたとしても、月40件にも達することはないと思います。明らかに、何らかの意図が働いていると考えたほうがいいでしょう。

また、記事の中にもありましたが、その決済を使わなくなると売上を減少させることになり、本末転倒になります。

トラブルは、全ての決済に付きものです。全ての決済を閉じると、通信販売として成り立たなくなります。**決済は多様化しつつ、その一方で、不正取引と闘うことを決意する必要がある**のです。

後払い決済（コンビニ決済／郵便振替）の概要とリスク

まずは2種類の決済方法について挙げてみます。

①コンビニエンスストア決済

コンビニエンスストアでの支払いには、主に2通りの方法が存在します。

(1)指定のバーコードを印字した払込用紙を顧客がコンビニエンスストアに持参し、収納業務を行う方式

通信販売事業者は払込用紙を印字して商品に同梱して出荷するだけでよく、他の決済に比べて運用が簡単です。この方法は、後払い決済に利用されています。

(2)ＰＣ、携帯電話やスマートホンに請求番号を送り、一部のコンビニエンスストアの端末で収納用のバーコードを印字したレシートを出力し、窓口で収納業務を行うデジタル方式

デジタル方式は、コンビニエンスストアや携帯電話・スマートホンの端末に依存するため、端末操作に慣れない顧客には難しく感じることがあります。また、この方式は主にサービス提供（チケット関連）や通信販売事業者では、前払い決済に利用される傾向があります。

これらは共に入金情報は比較的早く、翌日には電子データとしてバーコード情報が取得できるため、入金消込作業が正確かつ比較的簡単にできるようになりました。

そのため、次節で説明する債権管理でも、とても役立つ仕組みになっています。

②郵便振替

通信販売事業者が決済方法として利用する郵便局（ゆうちょ銀行）のサービスは、二つのサービスを組み合わせて利用されています。

支払い方法については通常、払込みのサービスが利用されています。

また、入金情報を取得するためには、振替MT伝送サービスが利用されています。これによって、通信販売事業者は、コンビニエンスストアと同様に、入金情報がデータで取得できることから、利便性が高く安価に運用できるという利点があります。

ただし、コンビニエンスストア決済より導入時のハードルが高く、またイレギュラーな入金があるため、通信販売事業者から敬遠されることがあります。

年金の受け取りが郵便局（ゆうちょ銀行）であることもあり、高齢な顧客からのニーズは少なからずあります。一般的には、払込用紙にコンビニエンスストアのバーコードと併用してOCR-Bフォントを使った数値を印字します。これで、コンビニエンスストアでも郵便局（ゆうちょ銀行）でも利用できることになり、支払いのできる場所が多くなることから、通信販売の顧客に対して利便性を上げることにもなります。

◉後払い決済は、最も注意すべき決済

とはいえ、**後払い決済は、以前から最も注意すべき決済であったことは間違いありません。**

後払い決済には自社で債権管理する方法と、後払い決済代行会社へ債権を譲渡する方法の2種類が存在します。

定期購入で、既存顧客の多い大手通信販売事業者などは、自社で債権管理をする場合が多く、定期ではなく、モール系の通信販売事業者や新しく立ち上げた定期購入をメインと

する通信販売事業者は、債権譲渡型後払い決済代行会社を利用することが多くあります。

自社で債権管理を行う場合も、あるいは後払い決済代行会社を利用する場合も、共通して行わなければならないのは、不正購入者を通信販売事業者で事前に検知して、販売しない体制を構築することです。なぜなら、通信販売事業者と後払い決済代行会社では、ブラックリストの定義が異なっている可能性があるからです。

後払い決済代行会社のブラックリストの定義は、商品を購入した後に代金を支払わない未払い者になります。しかし、通信販売事業者のブラックリストの定義は、商品を自己愛用する目的ではなく、転売（営利）を目的とした不正購入者とすることが適切だと私は考えています。

転売（営利）を目的としたときは、偽名、短期間だけ使用するメールアドレス、適当につくった電話番号を使い、住所は届く範囲で表記を工夫し、何度も繰り返し申し込みを行うからです。定期購入で、これらの転売ヤーに狙われた場合、支払う意思のない購入者に繰り返し商品を送付するため、未払い率が指数関数的に増加する場合があります。

一方、自社で債権管理している場合は、最終的に貸し倒れ率が増加し、赤字になることもあります。後払い決済代行会社を利用している場合は、後払い決済代行会社が赤字になるため、条件の見直しか、加盟店取引停止となります。

クレジットカード決済の場合、チャージバックなどによって、不正取引の場合は買戻し特約の対象となり、取り消し対象となりかねません。

現時点では、後払い決済に買戻し特約を付けている決済代行会社はないため、チャージバックのようなことはありません。しかし、一方的に後払い決済代行会社への依存をしていると、いずれ取引の条件に響くものと考えましょう。

不正購入者は、繰り返し購入する過程において何らかの痕跡を残すことがあります。なぜなら、転売ヤーには罪の意識がなく、わからなければ通信販売事業者が悪いという感覚だと思われ、「その場でわからなければいい」程度の変更しかしていないからです。あまりに複雑なことを行うと、転売ヤー自身が混乱し、痕跡は必ず残ります。もし、その痕跡を発見したら、販売を控えるか、もしくは本人の確認などを行ってください。

◉どの決済を選択しても安心できない時代に

さて、決済方法はまだいろいろありますが、ここではクレジットカード決済、代金引換、後払い決済の三つについてリスクを解説してきました。

クレジットカード決済は万能ではなく、不正取引が横行しています。そのしわ寄せは保険ではカバーしきれず、通信販売事業者へのチャージバックにより負担を強いられる可能性があります。コンビニエンスストア決済を利用した後払い決済は、一定の貸し倒れが発生します。自社で後払い決済を導入するケース、債権を買い取りする代行会社へ委託するケースと、バリエーションは増えました。しかし、不正取引が巧妙になれば、どこかに負担させる（取引条件の改定、代行手数料の増加）か、もしくは最悪の場合決済を閉じる（加盟店取引の停止）しか、選択方法がない状態になります。

また、前述の通り、2019年には代金引換の受け取り拒否が多発して、ニュースに取り上げられてきたケースも報告されていました。小売店舗においては、キャッシュレス化の政策に則って、2019年にはQRコード決済が流行しましたが、QRコード決済には、重大なローテクな欠陥があることも判明しています。

最終的には、どの決済を選択したとしても、全てを決済会社に任せて、安心できる状況ではなくなっています。当然ながら、安全面を配慮しない決済代行会社はありませんが、決済はお金を回収する手段であって、取引自体のセキュリティを担保する手段ではなくなってきています。やはり、**取引自体は、自らが責任を持って行うべき時代**なのです。

全ての通信販売事業者に債権管理は必要

債権管理と聞くと、貸したお金をしっかり返済してもらうために管理することのようなイメージを持つ人が多いと思います。実際に通信販売事業者では、債権管理を意識して行っている事業者は、ごく一部だと思います。

しかし、30年の経験を以て考えると、**優良な顧客との永続的な取引を行うためには、債権管理として認識することがとても大切**だと感じます。請求を行い、確実に回収するためには、その債権の正当性を証明することが必要です。

不具合品を送っては、代金を回収できません。キャンセルしている債権に督促をかけることは、正当な債権管理業務が行われていないことが原因になります。債権は、長期間放置すると劣化します。回収率が下がるのです。いくら売上が上がっても、しっかり管理されなければ、キャッシュフローが悲鳴を上げます。

◉債権管理と顧客管理

債権管理は、顧客管理の延長線上にあり、会計管理ともつながっているものだと私は考えています。

例えば、顧客管理は販売を目的とした視点から、顧客をDB（データベース）化しています。注文があった顧客に対して、在庫を引き当て出荷し、どうすれば次に購入してもらえるかに重点を置きます。債権管理は、しっかりお金が回収できるかということに重点を置きます。特にわかりやすいのは、後払い決済の場合です。後払い決済には、必ず未回収による貸し倒れが発生します。

貸し倒れた債権は、損金計上してコスト化する必要があるのですが、法人税法上はなぜ貸し倒れたかの理由と、そこに至るまでの努力を証明しなければなりません。

通信販売事業者が扱う債権は比較的少額であるため、訴訟など法的回収を行うことはめったにありませんが、もし法的回収を行うとしたら、その債権が自社にあり、債務が顧客にあることを証明しなければなりません。

顧客自身が注文した証拠、商品発送の証拠、未入金である証拠、返品やキャンセルがされていない証明などを行い、裁判官に認めてもらわなければならないことになります。裁判所や税務署にしっかりと認めてもらうために必要な管理が、債権管理になるのです。

現在、後払い決済は決済代行会社に買い取ってもらうのが一般的になってきています。債権を譲渡するために手数料を払うので、貸し倒れは計上せずに済みます。そのため、債権管理をする必要はないと思われる方もいらっしゃると思います。

しかし、先に対価を支払い債権譲渡したとしても、キャンセルになれば取消作業が入ります。もし、顧客が購入否認すれば、商品の注文履歴から、配送履歴を調査しなければなりません。本当に商品が到着していなければ、これもキャンセルを切らざるを得ません。

もし悪意ある顧客ばかり獲得して、決済代行会社へ送客することになれば、決済代行会社の貸し倒れコストが跳ね上がり、いずれ自社への影響が出るものと思われます。

例えば、手数料を上げる、与信審査の通過率を極端に悪くして、グレーな債権は全て否決にするなど、譲渡される債権を絞り、安全なものだけを審査ＯＫにすることにより、販売に支障をきたすケースもあります。

しかし、これをどうこう言っても仕方のないことです。そしてこれは、後払い決済に限らず、全ての決済で行われるべきだと思います。

債権管理の三つの工程

ここでは、理解しやすいように、自社で行う後払い決済を基に債権管理を説明します。まず、債権管理の工程についてです。債権管理には三つの工程があることを認識しましょう。意識していなくても、自然と行っているケースもありますが、ここではどのようなことを行うかを説明していきます。

①与信管理

与信管理は、注文が入った時点で、その注文に応じるかどうかを検討する必要があります。一日に大量に注文が入る場合、「いちいち審査などできない」と思わないでください。いくつかの分類を行って、必要なものだけをチェックしていくことで作業を減らすことができます。

また、慣れた担当者が違和感のあるものだけを抽出することで、審査されているところもあります。

基本的には、既存顧客で過去に支払いしている人は除きます。審査の基本は、新規もしくは準新規の顧客の注文が対象になります。

準新規とは、例えば、サンプルだけを注文した顧客や、初回の安価なものだけを支払っている顧客などです。過去に新規の顧客データを集めたDBを検索対象DBとして、新しく注文のあったデータを充てます。

目視だけで行われる場合、2枚のエクセルシートを見比べ、郵便番号などを昇順に並べ、似たような注文がないかを調べます。同じ住所なのに、違う表記がされているものは、要注意です（第1章44ページの図表3を参照のこと）。

それらの住所表記は、悪意を持って記載されたものではありません。しかし、検索システムにかけたとしても、通常の検索システムではヒットしないのです。しかし、ここまで住所の表記を揺らしたとしても、配達員の人は気を利かせて、同じ住所に配達することになります。

いかに人の能力が素晴らしいか、こういうところでもわかるのですが、このことを悪用して、不正購入者は取込詐欺まがいのような注文をしてきます。

ほかにもマンション名を揺らして表記したり、略語を使うなどの行為を故意にしてきます。ただ、それらの表記は、人間が見れば違和感を覚えるものも多いです。

名前は、字体を変えたり、偽名を使ったりしているものもあります。実際に家族の場合もありますが、連絡してみれば、いろいろわかると思います。苗字の字体が違う申し込みがある場合は、特に注意です（渡辺、渡邊、渡部など）。

通常、メールアドレスは氏名と関連あるものを持つものが多く存在しますが、中には機械的（ランダム）な配列をしていたり、英字と数字の配列に特徴があったりと、違和感を覚えるものも少なくありません。最近、一度きりしか使えない「捨てアド」というものがありますが、商品の注文に一度しか使えないものを使うのは、基本ＮＧにすべきだと思います。

以前勤めていたクレジット会社の審査などでは、固定電話がない場合は否決となることが多かったのですが、近年は携帯電話だけで十分事足りるため、固定電話がないからという理由での否決はなくなりました。

通信販売事業者は、電話をかけて購入の確認を取ることはめったにないため、不正購入者は適当な番号を入れていることも多いのですが、ここでも配列が似ていることがあります。これら不正購入と思われる注文は、確認のうえ、商品発送を止める必要があります。

さて、これらの典型的な不正を行うパターンは、10年経過しても変わらず同じ手口を使っています。

これを防止する与信システムがやっと広がりを見せていて、与信システムや不正検知システムとして提供されています。しかし、中には個人情報保護法を掻《か》い潜《くぐ》って他社に提供している不正検知システムもあります。

利用する場合には、よく検討してから導入することをお勧めします。

②途上管理

途上管理とは、多くは督促管理になります。そのほか顧客の手元に商品がしっかり届くことを確認したり、キャンセル・返品の処理を行ったり、そのうえで返品された商品のチェックなど、さまざまなことが途上管理につながります。

督促に関して、よく「適切な督促のタイミングを教えてほしい」と質問されますが、まず《何が適切か?》を知る必要があります。

もっと言うと、《自社にとっての適切とは何か？》を定義する必要があるのです。キャッシュは潤沢にあるからコストを下げればいいのか、逆に、コストは上がってもキャッシュが早く入るほうが適切なのか、それとも、顧客に対して一番やさしい対応が適切と感じるのか――。それぞれによって、適切な内容は異なります。

また、「効果的な督促はどうすればよいか」という質問をされる方もいらっしゃいますが、まず効果を測定したい場合は、十分な督促をしないときのデータが必要なことを認識しなくてはいけません。

過去に、督促の効果を測った通信販売事業者が1社ありました。この通信販売事業者の場合、85日時点で督促の効果は、2％の入金率の向上となりました。

衝撃的なことは、督促を行ったときと、督促を行わなかったときの差異2％は、35日の時点で既についていたことです。35日から85日までの50日間は、同じ入金率なのです。

逆に言えば、85日時点での督促の効果は、2％のキャッシュフローが早まったことくらいでした。しかも、20日で督促状を送ったとしても、30日で督促状を送ったとしても、そこから20日間も経つと、同じ入金率になっていたのです。

その結果、コストを意識するならゆっくり督促し、キャッシュを意識するなら早く督促するという結論になりました。

また、一定の割合で、日付を指定して入金してくる事情のある顧客が発見されました。最近では、ある程度入金管理を自社で行ったのち、弁護士法人に債権回収を委託するのが一般的になっています。おおよそ90〜150日の時点で、弁護士法人へ3か月〜半年程度委託して債権回収を行ってもらうのが一般的です。

③償却管理

最後に償却管理になります。**償却管理とは、督促を行い、弁護士法人への委託を行ったとしても、入金にならずに回収困難となった債権を貸し倒れ認定し、コスト化する管理です。**

一般的には、未払い率は1・2％程度。この未収債権をコスト化するためには、「法人税基本通達9－6－3　一定期間取引停止後弁済がない場合等の貸倒れ」に照らし合わせ、損金処理を行っていくのです。

そのとき、もし、税務署からの税務調査があった場合、しっかりとその業務の正当性を証明できるようにすればいいと考えます。

図表18　法人税基本通達9-6-3

一定期間取引停止後弁済がない場合等の貸倒れ

9－6－3　債務者について次に掲げる事実が発生した場合には、その債務者に対して有する売掛債権（売掛金、未収請負金その他これらに準ずる債権をいい、貸付金その他これに準ずる債権を含まない。以下9－6－3において同じ。）について法人が当該売掛債権の額から備忘価額を控除した残額を貸倒れとして損金経理をしたときは、これを認める。（昭46年直審（法）20「6」、昭55年直法2－15「十五」により改正）

(1)　債務者との取引を停止した時（最後の弁済期又は最後の弁済の時が当該停止をした時以後である場合には、これらのうち最も遅い時）以後1年以上経過した場合（当該売掛債権について担保物のある場合を除く。）

(2)　法人が同一地域の債務者について有する当該売掛債権の総額がその取立てのために要する旅費その他の費用に満たない場合において、当該債務者に対し支払を督促したにもかかわらず弁済がないとき

（注）(1)の取引の停止は、継続的な取引を行っていた債務者につきその資産状況、支払能力等が悪化したためその後の取引を停止するに至った場合をいうのであるから、例えば不動産取引のようにたまたま取引を行った債務者に対して有する当該取引に係る売掛債権については、この取扱いの適用はない。

https://www.nta.go.jp/law/tsutatsu/kihon/hojin/09/09_06_01.htm

では、どのようにすればよいのか？

まず、「9－6－3」について知る必要があります。

「債務者との取引を停止した時（最後の弁済期又は最後の弁済の時が当該停止をした時以後である場合には、これらのうち最も遅い時）以後1年以上経過した場合に、損金経理を認める」というものです。

では、販売してから何もせずに1年間放置しておけばいいのかといえば、そうではありません。

国税庁のHPの質疑応答事例ページに、「通信販売により生じた売掛債権の貸倒れ」として事例紹介が出ています（図表19）。この中で、「期日までに振込みがないときには、その支払期日から30日後、60日後、90日後にそれぞれ電話等での督促を行うほか、必要な回収努力を行っていますが、売上金額の1％程度が回収できない状況となっています」というくだりがあります。

結局は、3回程度督促を行い、その他必要な回収努力をしても入金にならなかった債権は、損金経理を認めるということになります。

最終的に回収できないという状態は、社内で決めた処理に則ったものの回収できなかっ

図表19　通信販売により生じた売掛債権の貸倒れ

【照会要旨】

A社は、一般消費者を対象に衣料品の通信販売を行っており、決済方法として、代金引換え、クレジットカード払い、商品引渡し後の銀行振込み（後払い）の3つを用意しています。このうち後払いの方法による場合において、期日までに振込みがないときには、その支払期日から30日後、60日後、90日後にそれぞれ電話等での督促を行うほか、必要な回収努力を行っていますが、売上金額の1%程度が回収できない状況となっています。

また、A社では、一度でも注文があった顧客については、継続・反復して販売することを期待して、その顧客情報をデータで管理していますが、その取引の状況を見てみると、同一の顧客に対して継続して販売している場合もありますが、1回限りの場合も多くあります。

この場合、A社は、結果的に一回限りの販売しかしていない顧客を、法人税基本通達9-6-3(1)《一定期間取引停止後弁済がない場合等の貸倒れ》の（注）における「継続的な取引を行っていた債務者」とみて、当該顧客に対する売掛債権について、貸倒れとして損金の額に算入することができますか。

https://www.nta.go.jp/law/shitsugi/hojin/16/06.htm

たということを稟議で認める仕組みを構築しておくべきです。

そのためには、社内でどのように処理するかを決める必要があり、基本的には、法人であれば債権管理規定を策定するのがよいでしょう。

債権管理規定で決めたことを事務フローに落とし込み、その事務フロー通りにシステムが運用されていることを証明することが一番だと思います。

また、債権管理規定には、当然ながら、与信管理と途上管理について記載するべきです。そ

通信販売により生じた売掛債権の貸倒れ

【照会要旨】

A社は、一般消費者を対象に衣料品の通信販売を行っており、決済方法として、代金引換え、クレジットカード払い、商品引渡し後の銀行振込み（後払い）の3つを用意しています。このうち後払いの方法による場合において、期日までに振込みがないときには、その支払期日から30日後、60日後、90日後にそれぞれ電話等での督促を行うほか、必要な回収努力を行っていますが、売上金額の1%程度が回収できない状況となっています。

また、A社では、一度でも注文があった顧客については、継続・反復して販売することを期待して、その顧客情報をデータで管理していますが、その取引の状況を見てみると、同一の顧客に対して継続して販売している場合もありますが、1回限りの場合も多くあります。

この場合、A社は、結果的に一回限りの販売しかしていない顧客を、法人税基本通達9-6-3(1)《一定期間取引停止後弁済がない場合等の貸倒れ》の（注）における「継続的な取引を行っていた債務者」とみて、当該顧客に対する売掛債権について、貸倒れとして損金の額に算入することができますか。

【回答要旨】

当該顧客に対する売掛債権については、貸倒れとして損金の額に算入することができます。

（理由）

1 商品の販売、役務の提供等の営業活動によって発生した売掛金、未収請負金その他これらに準ずる債権（売掛債権）については、他の一般の貸付金その他の金銭消費貸借契約に基づく債権とは異なり、履行が遅滞したからといって直ちに債権確保のための手続をとることが事実上困難である等の事情から、取引を停止した後1年以上を経過した場合には、法人が売掛債権について備忘価額を付し、その残額を貸倒れとして損金経理をしたときは、これを認めることとされています（法人税基本通達9-6-3(1)）。

なお、この場合の「取引の停止」とは、**継続的な取引を行っていた債務者**につきその資産状況、支払能力等が悪化したためその後の取引を停止するに至った場合をいいますから、例えば、不動産取引のように同一人に対し通常継続して行うことのない取引を行った債務者に対して有する当該取引に係る売掛債権が1年以上回収できないにしても、この取扱いの適用はないこととなります（法人税基本通達9-6-3(注)）。

2 A社の衣料品の通信販売は、一般消費者を対象に行われるもので、同一の顧客に対して継続して販売している場合もあるものの、1回限りの場合も多いとのことです。したがって、通常継続して行われることのない取引であり、上記1の取扱いの適用はないものとも考えられます。しかしながら、衣料品の通信販売を営むA社のように、一度でも注文があった顧客について、継続・反復して販売することを期待してその顧客情報を管理している場合には、結果として実際の取引が1回限りであったとしても、A社の顧客を「継続的な取引を行っていた債務者」として、その1回の取引が行われた日から1年以上経過したときに上記1の取扱いを適用することができます。

【関係法令通達】

法人税基本通達9-6-3

注記

令和2年8月1日現在施行の法令・通達等に基づいて作成しています。

この質疑事例は、照会に係る事実関係を前提とした一般的な回答であり、必ずしも事案の内容の全部を表現したものではありませんから、納税者の方々が行う具体的な取引等に適用する場合においては、この回答内容と異なる課税関係が生ずることがあることにご注意ください。

このページの先頭へ

れでなければ、正しい損金経理ができているとは思えません。
与信管理を行うには、自社が販売する（取引する）相手の基準を設ける必要がありま
す。いろいろ考える必要はありますが、「自己愛用者」に対する販売ということを掲げる
のは良いことだと思います。自己愛用には、ギフトなども入れてもいいでしょう。
もし、転売（営利）を目的にする場合は仕入れとなるので、ここでは販売することはで
きません。
これらのことは、HPや販売ページに掲げる利用規約や会員規約に盛り込まれることを
お勧めします。そもそも商取引を行うのに、消費者との契約を前提とした利用規約では、
対応できないと思います。
とはいえ、その一方で未だ転売目的を証明する方法がないのです。商品ごとにシリアル
ナンバーを振ったり、チップを埋め込んだりすることが必要な時代かもしれません。しか
し、これらには必要以上にコストがかかります。

四つの未払いパターンとその対応策

途上管理・償却管理に関連して、顧客がなぜ未払いするのかを知ることは、今後の糧になります。

私の研究では、督促をした場合と督促をしなかった場合を比較して、未払い者の理由別の分類を行うことができました。その行動パターンから、大きく四つに分けています。

①入金に対してルーズな顧客

前述の「途上管理」で行った実証実験において、「2％の効果」を説明しました。この2％の顧客は、督促を早めに行うと早めに入金してくる人たちです。これらの人は、期日までに入金せず、例えば督促状が届いてから慌てて入金する傾向のある人です。

②事情がある顧客

一方で、督促を早くしたとしても、1%の顧客は、決まって遅れることも判明しました。これらはデータ分析の結果、手持ち資金の少ない年金受給者と給与所得者の一部でした。

なぜなら、偶数月の15日と、毎月25日の給料日に支払いをする人の割合が跳ね上がるからです。これらの顧客は、最大60日のサイトで支払いを行うものと考えられます。

そのため過度の督促は、支払い意思を下げることになるかもしれません。

③強い督促で支払いする顧客

例えば、90日を経過しても入金をしない人に対して、弁護士法人への委託を行います。

おおよそ90日を超えて弁護士委託で回収できるのが、概ね委託債権の約40~60%と言われています。

この数値は、自社での督促の内容や委託する時期によってまちまちですが、通常の督促行為を行い、委託までに経過日数をかけずに委託すると、半分程度は回収できます。

あわよくば逃げ切りたい顧客や、不満を持っていてしぶしぶ支払いする顧客などが考えられますが、全体からすると、ごくわずかな顧客になります。

もし、回収率が低い場合、次に記載する詐欺まがいの顧客の割合が多く混在する可能性があります。

④詐欺まがいの顧客

詐欺まがいの顧客は、そもそも支払いする気のない顧客です。

名前は偽名を使い、電話は適当、メールアドレスは一時的に使うものが多く、弁護士法人の債権回収が始まる頃には、転居している場合がとても多いのです。

この場合、督促状を発送しても、「宛所に尋ね当たらず」と、返却される結果になります。偽名で、電話が通じず、督促状が返却されれば、債務者が誰であるかもわかりません。これでは、弁護士法人といえども、債権回収を行うことはできません。

詐欺まがいの顧客は、途上管理ではどうすることもできません。あくまでも、与信管理で発見し、販売しないことです。

さて、こうして整理してみると、未払い者には「商品をだまし取ろうとする詐欺まがい」か、「支払いを忘れる」という手間のかかる人――の2種類がいて、この二つは全く違う対策が必要になることがわかります。

もう一度、簡単にまとめておくと、**だまし取ろうとする人間は逃げてしまうので、そもそも売らないことが必要です。**既に述べたように、日本は「お客さまは神様だ」という観念があるのか、注文を受けたら絶対に送らなければいけないという感覚がありますが、それは間違いだと思います。契約を成立させる前に悪意ある顧客であると判断したら、断固として断らなければいけません。

一方、**支払いを忘れる人については、督促の強化が必要**だということです。

返品ルールはわかりやすく、しかし、顧客にも問題あり

一般的な通信販売事業者の場合、返品率は3〜6％と言われています。

返品は、商品によって、廃棄するものやリメイクするものなどさまざまですが、返品を受け付けるには当然ながらコストがかかります。

このコストは販売価格に上乗せされるべきコストであり、そして優良な顧客が負担することになるコストです。

しかし、不正返品の調査は、なかなか進みません。

本来は、不正に返品する顧客の注文は、転売目的の不正購入者と同様に排除する方針がなければいけないのですが、最終的に消費者センターに駆け込まれ、やむを得ず返品を受け付けるケースがあるようです。

もし、**優良な顧客との関係を築き、長く付き合うことを前提にするならば、返品**

のルールをわかりやすく明確にし、顧客に不利な条項は避けるようにすることが望ましいと考えます。

本来は、信頼を担保する返品制度ですが、返品特約を意識しただけの複雑なルールでは、かえって優良な顧客にとっては通信販売事業者への信頼感をなくすことにもなります。

◉返品者のパターンは3種類

ここで、返品制度を利用する顧客の問題にも触れておきます。

返品を実際に行う人は、その行動によっていくつかのパターンに分かれます。まず「善意の返品者」。次に「自覚のない返品者」、最後に「悪意のあるモンスター返品者」です。

善意の返品者とは、購入したことに対して、本当に困っているために返品を希望する顧客のことです。「思っていたものと違う。自分に合わない」などのしっかりとした理由がある顧客のことを言います。

本来、返品が持つ安心感を考えると、この申し出には気持ちよく応じたほうが、より通信販売事業者としての信頼が高まるところです。

自覚のない返品者とは、悪気はないが、安易に返品制度を利用する顧客です。新発売のシューズなどがあった場合、たくさんのショップへ申し込みを行い、到着順にサイズや色をチェックして、気に入ったものだけを実際に購入し、それ以外は全部返品するなどのケースです。

初めてであれば仕方のないところですが、同じ顧客が二度、三度と返品を繰り返したら、内容をしっかりと確認すべきです。

対処方法としては、返品時にアンケートを取るなど、何が悪かったかしっかり教えてもらうことが大事です。返品制度を間違った考えで利用している場合は、注意を促しましょう。

このとき、逆ギレするような顧客であれば、悪意のあるモンスター返品者である可能性が高くなります。

最後に、悪意のあるモンスター返品者とは、レンタル感覚で返品を行ったり、送った商品とは違う商品を送り返してきたり、さまざまなものが混在するなど、明らかにおかしい行為を行う顧客です。

一部の通信販売事業者からの情報では、競合先からの嫌がらせの場合もあるとのことです。中には、注意を促した直後から、低評価レビューを書き込まれるというケースも実際にあり、売上が極端に下がった通信販売事業者もあるので、対応には注意が必要です。

万が一、不当な返品が来れば闘う準備も必要な場合があります。犯罪に近い返品などは、内容証明を打つことや、専門家の意見を聞きながら、場合によっては弁護士法人や警察への相談も行いましょう。

会員規約（利用規約）・社内規定の重要性を知る

会員規約（利用規約）を見ると、その通信販売事業者が、どの程度規約に対して向き合っているかが理解できます。

社内規定を作成し、事務フローをしっかり認識して会員規約をつくっているのと、単にコピペだけで張り付けているのでは、基になるひな型があったところで、その細部は異なります。また、矛盾点が見えたりします。これは悪意ある顧客に見つかると厄介です。

巻末に、一般的な後払い決済を自社で行う通信販売事業者向けのひな型を提示しておきます。規約は、時代とともに条文が増加していて、この数年は、特に営利目的（転売目的）を意識したつくりにしています。

また、それに伴って、契約の成立に関しても電子消費者契約法などを具備し、おかしな契約があれば断れるタイミングを設けるようにしています。

繰り返し申し上げますが、本会員規約はあくまでもひな型であり、それぞれの通信販売事業者ごとの運用に合わせて、変更し利用してください。

民法（債権法）改正で「定型約款」規定が新設

2020年4月に、契約ルールの基本となる民法の債権関係規定（債権法）が改正になりました。通信販売事業者にとってメリットとなりそうな改正債権法として、「定型約款」の規定が新設されています。

インターネット取引の拡大により、約款に基づいて契約を結ぶケースが増え、これまで法律上の定義がなかった約款のルールが導入されたのです。

簡単に言うと、民法において契約行為は口頭でも成立するとされますが、仮に裁判になったとき、口約束は立証するのには弱く、不利になります。

同様に、通信販売の掲げる利用規約は、契約行為としては弱く、見ていないと言われれば実質、立証は困難です。

ゆえに、契約否認される危険性が多く、実際のところ見ていないがまかり通る世界でした。

ところが、定型約款を契約内容とすることを合意するか、表示しておけば、条項の内容を顧客が認識していなくても契約に合意したとみなされることになりました。これで、「言った・言わない」「見た・見ていない」の争いはなくなります。

その一方で、信義則に反して顧客の利益を一方的に害する「不当条項」は契約内容にならないとも規定しています（巻末付録の会員規約（利用規約）「第三条 本規約の変更、停止、中止」を参照）。

「民法」とは、民法の一部を改正する法律（平成29年法律第44号）による改正後の民法を意味する旨や、本規約が「定型約款」である旨を明確に記載しています。

条文はなかなか難しいと感じる担当者の方も、ぜひ読み込むのと同時に、自社にあてはめたときにどのようになるか、熟思してみてください。

あとがき

私の人生には、今日ここに至るまでに三つの大きな学びを得た経験がありました。

一つ目は、クレジット会社での債権管理、業務担当者だったこと。

二つ目は、通信販売でリスクコンサルティングを行い始めたときに、顧客対応に困る多くの現場担当者と出会ったこと。

三つ目は、筑波大学大学院で顧客行動分析の研究を行ってきたこと。

私は、これらの経験から、優良な顧客と悪意ある顧客の違いを見つけるには、具体的にどうすればよいかがわかるようになりました。そして、その違いを見抜くための研究は、企業の成長にとって最も重要な要素の一つであることも理解しました。

その一端を記したのが本書です。


本文でも記してきましたが、従業員の心を救うのは、「こういう行動をしたら『悪意ある顧客』と判断し、それ以上は相手をしなくていい」という基準を社内で共有することです。

そして、モンスタークレーマーの不当な要求に対しては、毅然とした対応をし、一度対応を決めたら絶対に曲げてはいけません。

新人オペレーターは苦情・クレームが嫌で辞めるのではありません。悪意ある顧客を見抜けず、辛くなって辞めるのです。経営者の方、管理職の方は、このことを忘れないでいただきたいと思います。


リスクマネジメントを導入すると経営は改善します。ただし、どんなに優秀な社員を担当者にしたとしても、その担当者が「知らない手口」には上手く対応できません。

だからこそ、具体的なリスクについて社内で話し合う文化を根付かせること、専門家と連携し、他社とも情報共有をしていくことが大切なのです。ただ、同業他社の人たちと情報共有をするといっても、具体的にどうしていいかわからない方が大半だと思います。

そこで私は、「HAZS-RISK Learning」という教育プログラムの中で、新たなリスク、新たな脅威に立ち向かうために必要な、事業者間で情報を交換し、リスクコミュニケーションが可能な交流の場をご用意しています。

新たなリスク、新たな脅威が課題となったとき、解決する方法としては、リスクマネジメントを学ぶだけではなく、最新のケーススタディをみんなで共有・解決していくことがきわめて重要です。ぜひご参加いただければと思います。

同サービスには、実際に悪質な顧客と遭遇したときに闘うための弁護士費用を補償する「クレーム対応費用保険」も付保されていますので、本書にも記したような毅然とした対応が取りやすくなるはずです。

繰り返しますが、ほとんどのお客さまは、感情的に怒っていたとしても優良な顧客です。誠実に向き合い、適切な対応をしていけば、信頼関係は築けます。クレーム内容を改善する過程において、企業も人も成長するでしょう。

だからこそ、現場の方は、めったにいない悪意ある顧客のために病んだり、仕事を辞めたりしないでほしいのです。

また、経営者の方は、従業員の方々を守ってあげてください。そして、お客さまの真の声を活用することで売上を伸ばしていっていただきたいと思います。これこそがリテンションマーケティング《既存顧客との関係を保ちながらマーケティング活動を行う手法》にとって最も重要な事項なのです。

私と一緒に学び、困難に立ち向かっていきませんか？

2021年1月吉日

東　弘樹

利用規約（会員規約）

前文　○○○株式会社（以下、「弊社」といいます）は、弊社が●●●（以下、「本ブランド」といいます）に関して運営するウェブサイト（以下、「弊社サイト」といいます）及び本ブランドに関して提供する通信販売サービス等（以下総称して、「本サービス」といいます）の利用について、次のとおり定めます。尚本サービスを利用する会員は本規約を承諾したものとみなします。

第一条　会員の定義

1. 本規約にて会員とは会員登録をされたお客様をいいます。
2. 会員は次のすべての要件を満たしていることを弊社に保証します。
  (1) 弊社からの連絡が可能な電話番号とEメールアドレスを持っていること
  (2) 登録お申込みの時点で、本規約の違反等により本サービスの一部または全部の利用を停止されていないこと
  (3) 個人であること
  (4) 18歳以上であること
  (5) 本ブランドに属する各種物品（以下「本商品」といいます）を営利目的で購入する意思がないこと
  (6) その他、弊社が随時定める会員資格を有していること

第二条　本規約の適用範囲

1. 本規約の他に、個別サービスごとに定める個別規程及び弊社がその都度別途ご案内する追加規程（以下総称して「個別規程等」といいます）は、名目の如何にかかわらず、本規約の一部を構成するものとします。
2. 本規約と個別規程等の定めが異なる場合には、個別規程等の定めを優先して適用します。
3. 会員が、弊社サイトから、本商品を購入する場合の他、電話等を利用して弊社から本商品を購入する場合においても、本規約を適用します。
4. 会員は、弊社が弊社の社内審査に基づき、会員登録のお申込みを断る場合があることを承諾するものとします。

第三条　本規約の変更、停止、中止

1. 本規約は、民法に定める定型約款に該当し、弊社は以下の場合に、弊社の裁量により、利用規約（会員規約）の各条項を、民法の定めにしたがって変更することができるものとします。
  (1) 利用規約（会員規約）の変更が、会員の一般の利益に適合するとき。
  (2) 利用規約（会員規約）の変更が、契約をした目的に反せず、かつ、法令

の変更、監督官庁の指示、会員のニーズの変化、経営状態の変化、金融・経済・社会情勢などの状況の変化による変更の必要性、変更後の内容の相当性、変更の内容その他の変更に係る事情に照らして合理的なものであるとき。

2. 弊社は前項による利用規約（会員規約）の変更にあたり、変更後の利用規約（会員規約）の効力発生日までに、利用規約（会員規約）を変更する旨及び変更後の利用規約の内容とその効力発生日を弊社ウェブサイト（URL：https://）に掲示し、またはユーザーに電子メールで通知します。
3. 変更後の利用規約（会員規約）の効力発生日以降にユーザーが本サービスを利用したときは、ユーザーは、利用規約（会員規約）の変更に同意したものとみなします。
4. 本条において「民法」とは、民法の一部を改正する法律（平成29年法律第44号）による改正後の民法を意味します。

第四条　会員資格の喪失

会員が、以下の各号に定める状況が判明した場合、その他会員に会員資格を与えることが不適当と弊社が認める事由があるときは、会員は直ちに債務を履行する義務を負うものとし、弊社は当該会員の会員資格を取り消し、一切のサービスを停止することができるものとします。

（1）会員登録お申込みの際に虚偽の申告をしたとき
（2）通信販売による代金支払い債務を怠ったとき
（3）自ら振出した手形、小切手が不渡りになったときまたは支払いを停止したとき
（4）差押え、仮差押え、保全差押え、仮処分の申立てまたは滞納処分を受けたとき
（5）破産手続開始、再生手続開始、特別清算、更生手続開始その他契約者に対して適用される倒産処理手続開始の申立てを受けたとき、または自らこれらの申立てをしたとき
（6）第十八条各号のいずれかに該当する行為を行ったとき
（7）その他弊社が会員として不適当と認める事由があるとき

第五条　認証情報の管理

1. 本サービスの利用に必要な認証情報は会員1人につき1つ設定できます。認証情報の設定手続きは、別途弊社の定める手順によるものとします。
2. 会員は、認証情報を第三者に開示・漏洩せず、自らの責任で管理するものとします。会員の認証情報を用いて行われた本サービスの利用は、第三者が無断

使用または不正使用した場合でも、すべて当該会員の行為とみなし、会員自身が責任を負うものとします。認証情報の紛失、不正使用、盗用等が判明したときは、会員は直ちに弊社に連絡を行い、弊社から指示があった場合には、その指示に従うものとします。

第六条　個人情報の取扱い及び登録情報の変更について

1. 弊社は、会員の個人情報を弊社サイト上に掲示する「個人情報保護方針」に基づき、適切に取扱うものとします。
2. 会員は、弊社に届け出た電話番号、E メールアドレス及びその他の連絡先等の個人情報に変更があった場合、弊社所定の方法により速やかに変更手続きを行うものとします。
3. 登録情報の不備、変更手続きの不履行、遅延等により会員が不利益を被った場合、弊社はいかなる責任も負いません。
4. 弊社は個人情報を含むすべての音声データを、サービス向上、スタッフ教育のために記録・録音し、利用する場合があります。

第七条　ご注文について

1. 会員は、本商品を下記の2つの方法のいずれかで注文するものとします。

（1）弊社サイト
　購入情報は SSL 暗号化通信により保護されます。弊社サイトは、パソコンの他、各種タブレット端末でも利用可能です。

（2）▲▲▲お客様窓口
　フリーダイヤル 0120-00-0000
　営業時間 10：00 ～ 18：00（土日祝・年末年始除く）
　携帯電話・PHSからもご利用頂けます。

2. 会員からの注文は、弊社サイト上で「注文する」のボタンを押した時点、または▲▲▲お客様窓口にて注文した時点をもって確定するものとします。
3. 注文受付後、確認のため、弊社から会員に電話を差し上げる場合があります。
4. 弊社の規程により、弊社は会員の注文をお断りする場合があります。

第八条　契約の成立

1. 会員が選択する支払い方法、配送方法にかかわらず、会員の本商品の注文時、会員と弊社との間の売買契約は、（1）オンライン注文の場合は、弊社が送信する商品の発送完了をお知らせする電子メールが会員に到達した時点、（2）オフライン注文の場合は、弊社が実際に商品発送を行った時点をもって、成立するものといたします。

2. 認証情報を用いて行われた注文は、理由の如何を問わず、当該認証情報に該当する会員の有効な注文とみなします。
3. インターネット上の障害、その他の弊社に帰責事由のない原因により会員の注文が弊社に到達しなかった場合、会員に損害が発生したとしても、弊社はその責任を負いません。

第九条　定期購入

1. 定期購入とは、会員のご希望間隔に合わせて本商品を自動的に配送するサービスをいいます。
   ※発送前の連絡は行いません。
2. 会員からの支払いが遅れた場合、予定される発送日に本商品を配送できないことがあります。
3. お届け先、支払い方法等の変更がある場合、会員は次回配送予定日の 7 日前までに弊社に連絡するものとします。
4. 定期購入の配送間隔は「30 日に 1 回」、または「60 日に 1 回」いずれかの受付となります。

第十条　キャンペーン

1. 会員は、各キャンペーンにおいて個別適応条件が設定されている場合、当該個別適応条件を優先します。設定された条件を満たさない注文の場合、キャンペーン適応対象外となります。
2. 会員は、本商品の注文の一部をキャンセルする等により、事後的にキャンペーン適応条件を満たさなくなった場合、注文後においてもキャンペーン適応対象外となり、以下のことを承諾したこととします。
   ①弊社の指示に従い、会員が購入した本商品について、通常価格との差額を支払う、または弊社に返送すること
   ②キャンペーンに付帯する各種サービス（プレゼントや送料弊社負担等の各種ご優待）を受けられないこと

第十一条　支払い方法

1. 会員は本商品の代金の支払いを以下のいずれかの方法をもって行なうものとします。
   (1) 後払い（コンビニエンスストア支払い・ゆうちょ銀行または郵便局払込み）：本商品の到着後 14 日以内に支払いください。
   ※商品によって、利用の制限があります。
   ※金額を訂正された場合、コンビニエンスストアでの支払いはできません。
   ※金額を訂正された場合、ゆうちょ銀行または郵便局からの入金の確認まで相当日数かかることがあります。

※払込受領証の控えは、支払いの証拠書類となります。必ず6ヵ月間以上保管ください。入金確認が取れず証拠書類がない場合、再度請求させていただくことがあります。
※支払いをいただかない場合、回収事務を第三者へ委託することがあります。
※必ず、同封されている払込用紙をご利用ください。ATMをご利用の際は払込用紙対応機かご確認ください。
※入金をいち早く確認するために、弊社ではゆうちょ銀行振込のMT方式（データ伝送方式）を採用させていただいております。この場合、インターネット・一部のATM・窓口にある所定の用紙・金額訂正等を利用して払込みを行なわれますと、入金確認まで相当時間がかかったり、入金消込作業ができなかったりすることがあります。

（2）クレジットカード：クレジットカードによる、1回払いにて支払いください。
購入代金の引き落とし時期等クレジットカードご利用にかかる詳細条件は、利用クレジットカード各社の会員規約をご確認ください。

各クレジットカード会員規約に基づき、会員のご指定の銀行口座より自動引き落としさせていただきます。

【取扱いカード】xxxx、xxxxx、xxx
※リボ払いは、弊社では取り扱っておりません。リボ払いをご希望の場合、会員の契約しているクレジットカード会社へお問合せください。

（3）代金引換：商品配達時に商品と引き換えに代金を支払いください。代金引換手数料は弊社が負担します。

2. 会員は弊社との取引状況等に基づき、弊社の定める基準に基づき、会員の指定した支払い方法を変更することがあることを承諾するものとします。
3. 前項の変更が行われた場合、弊社から会員に連絡をする場合があります。

第十二条　限度額等

取引上限額及びご利用可能な支払い方法は、弊社との取引状況等に鑑み、弊社の定める基準のもと、会員個別に設定します。

取引上限額を超えた場合は支払い方法を変更する場合があります。尚、支払い方法の変更をする場合は、本商品の配送予定より遅れる場合があります。

第十三条　配送

1. 本商品の注文後、通常5日前後で配送します。但し、以下の各号の場合を除きます。
（1）会員の都合で荷物を受け取れなかった場合
（2）配送の時期（中元・歳暮時期、年末年始、国民の休日が連続する日等）や、天災・交通事情・天候等により配送事情が悪化した場合
（3）注文発送件数が当初予測を著しく超える件数になった場合
（4）離島等遠方の場合、配達担当業者の事情により時間がかかる場合
2. 本商品の引渡しは、会員が注文の際に指定したお届け先に、本商品が配送されたことをもって完了したものとします。引渡し完了後の本商品の、破損、変質その他一切の損害は、弊社の責に帰すべきものを除き、会員の負担とします。

3. 弊社は会員から注文された本商品の配送予定が大幅に遅れる場合及び売切れ等で配送できなくなった場合、会員登録の際に登録された情報に基づきハガキ・電話・Eメールのいずれかの方法で該当会員に対し連絡するものとします。
4. 配送場所は、日本国内のみとします。
5. 本商品の配送予定は、支払い方法が変更される場合等において、変更が生じる可能性があることを会員は承諾するものとします。
6. 短期借入住宅・ビジネスホテル・公民館等の公共施設をお届け先としてご利用の場合、弊社の定める基準により配送をお断りする場合があります。
7. 配達担当業者の指定はできません。

第十四条　送料

1. ご注文金額が 0,000 円（税込）以上の場合、送料は弊社が負担します。
2. ご注文金額が 0,000 円（税込）に満たない場合、送料 000 円（税込）を会員にご負担いただきます。
3. キャンペーン・定期コース等、個別に定めがある場合は、個別規程を優先します。

第十五条　返品及び交換

1. 弊社は、会員都合による本商品の返品及び交換は、原則受付できません。但し、本商品が未開封（開封シールを剥がしていない状態）かつ本商品の到着後 8 日（到着日を含む）以内に▲▲▲お客様窓口にご連絡を頂いた場合に限り、お客様都合による本商品の返品を承ります。
2. 弊社は、本商品に品質不良があった場合に限り交換を承ります。
3. 前 2 項にかかわらず、会員の責任で本商品に傷や破損が生じた場合、または本サービス以外で本商品を入手された場合は、弊社は返品及び交換を受付けることができません。
4. 会員は、返品または交換を希望する場合、弊社に事前連絡を行うものとし、弊社の案内に従い、返品または交換の手続きを行うものとします。事前連絡がない場合または前各項に定める、返品及び交換の条件を満たさない場合、弊社は返品及び交換をお断りする場合があります。
5. 弊社は、会員から弊社に本商品が返送されてから返金を行うものとします。
   ▲▲▲お客様窓口
   フリーダイヤル 0120-00-000
   営業時間 10：00 ～ 18：00（土日祝・年末年始除く）
   携帯電話・PHSからもご利用頂けます。
6. キャンペーン等により個別返品基準を定めている場合、弊社は当該定めを優先して適応することとします。

第十六条　商品転売防止

1. 会員は、本商品を営利目的で購入、または本商品を営利目的で転売してはならないものとします。
2. 弊社は本商品についてオークション等での転売や譲渡が発覚した場合、会員に対し法的措置を講じる場合があります。
3. 弊社の商品を販売したい希望があれば、別途弊社までご連絡ください。

第十七条　免責事項

弊社は、以下の各号に該当する、会員または第三者に発生した損害について、一切の責任を負わないものとします。但し弊社の故意または重過失に起因し、債務不履行による損害が発生した場合はこの限りではありません。

（1）本サービスの提供が遅延、中断または中止したことによる損害
（2）本サービスを利用して被った損害
（3）会員が本サービスの利用により、他の会員または第三者に対して与えた損害
（4）本商品の使用方法の過誤等、会員の責めに帰すべき事由により発生した損害
（5）弊社の責めに帰すことのできない事由から生じた損害、弊社の予見の有無を問わず特別の事情から生じた損害及び逸失利益
（6）天災地変その他の不可抗力により弊社が債務を履行できないことによる損害、及び会員の責に帰すべき事由による損害

第十八条　損害賠償

会員は、以下の各号に定める行為により、弊社に損害を与えた場合、当該損害を賠償する責任を負います。

（1）E メールアドレス及びパスワード（以下総称して、「認証情報」といいます）を不正に取得する行為もしくは使用する行為、または第三者に不正に使用させる行為
（2）弊社もしくは本ブランドに関する情報、または本サービスを通じて提供される情報を改ざんする行為
（3）弊社サイトに有害なコンピュータープログラム等を送信または書き込む行為
（4）本商品の商標権、著作権、その他一切の知的財産権を侵害する行為
（5）弊社サイトで提供するサービス、情報、及び本商品等に関する情報を、事前に弊社の承諾を得ることなく営利・非営利を問わず不当に使用する行為
（6）弊社の本ブランドの運営を妨げる行為、その他本ブランドに支障をきたす恐れのある行為
（7）本商品の代金を支払わない行為、または本商品を理由もなく受け取りを拒否する行為

(8) クレジットカードを不正使用して本サービスを利用する行為
(9) 本商品を弊社に無断で、営利目的で転売を繰り返す行為
(10) 他の会員、第三者もしくは弊社に対するプライバシーその他の権利を侵害する、または名誉を傷つける行為
(11) 弊社サイトを含むインターネット上、または雑誌、書籍その他のメディアに、事実に反する情報を、書き込むあるいは公表する行為
(12) 公序良俗に反する行為、その他法令に違反する行為またはそれらの恐れのある行為
(13) その他、本規約に反する行為、または弊社が本ブランド運営上不適当と判断する行為

第十九条　契約の解除

弊社は以下の場合、会員との本商品に関する契約を直ちに解除することができるものとします。
(1) 会員が本規約に違反しまたは本規約に定める義務を履行せず、弊社が催告したにもかかわらず是正がみられない場合
(2) 会員が会員資格を喪失した場合

第二十条　登録の解除

会員は、本サービスの利用を必要とせず、会員登録の解除を希望する場合は、弊社に連絡するものとします。

第二十一条　権利の移転

1. 会員が購入した本商品の所有権は、当該本商品代金の支払いの完了を以って、弊社から会員に移転するものとします。
2. 会員は本規約に基づく、自己の権利または義務を、第三者に譲渡しまたは担保に供することができないものとします。

第二十二条　合意管轄裁判所

会員と弊社との間で紛争が生じた場合、大阪地方裁判所または大阪簡易裁判所を第一審の専属的合意管轄裁判所とします。

第二十三条　準拠法

本規約の解釈、適用及び本サービスの利用に関しては、日本国法に準拠します。

【著者略歴】

東　弘樹［アズマ・ヒロキ］

通信販売・eコマースの博士（工学）・リスクコンサルタント。1964年大阪府豊中市生まれ。2007年通販・ECリスクマネジメント研究所／HAZS株式会社を創業。大手通信販売会社の後払い債権管理コンサルタントを行う傍らで、多くの後払い決済代行会社の立ち上げに関わる。また、2017年3月筑波大学大学院システム情報工学研究科リスク工学専攻博士課程で研究の末、【通販における後払い債権管理の効率的な手法の研究】にて博士号授与。現在は、独自の観点から導き出した「顧客対応」について、セミナー・企業研修などを通じて提供。その数は600社以上に及ぶ。

装　幀／横田和巳（光雅）
本文組版・図版／アミークス
校正協力／永森加寿子
編集協力／有限会社 T.S 総合企画
編　集／田谷裕章

「優良顧客」と「悪質顧客」を100%見抜く方法
「2つ」のパターンに分けるだけ!ストレスフリーの顧客対応マニュアル

初版1刷発行 ● 2021年2月19日

著者
東《あずま》 弘樹《ひろき》

発行者
小田 実紀

発行所
株式会社Clover出版
〒162-0843 東京都新宿区市谷田町3-6 THE GATE ICHIGAYA 10階　Tel.03(6279)1912　Fax.03(6279)1913
http://cloverpub.jp

印刷所
日経印刷株式会社

ISBN978-4-86734-009-7　C0034